Libardo Ariel Blandón Londoño

CARDOS LÍRICOS

Poemas

130 poemas regresivos

ESPINAS EN EL ALMA

LIBARDO ARIEL

BLANDÓN LONDOÑO

MEDELLÍN
2017

Libardo Ariel Blandón Londoño

CARDOS LÍRICOS

Poemas

130 poemas regresivos

ESPINAS EN EL ALMA

LIBARDO ARIEL

BLANDÓN LONDOÑO

MEDELLÍN
2017

Cardos líricos
Autor: Libardo Ariel Blandón Londoño
Writing: 2017
Edition Copyright 2017: Libardo Ariel Blandón Londoño
Diseño de Portada: LA Blandón
Dirección General: Libardo Ariel Blandón Londoño
Ariello.net

ISBN 978-958-48-2396-0

Todos los derechos reservados

Es un delito la reproducción total o parcial de este libro, su tratamiento informático, la transmisión de ninguna forma o por cualquier medio, ya sea electrónico, mecánico, por fotocopia, por registro u otros métodos, su préstamo, alquiler o cualquier otra forma de cesión de uso del ejemplar, sin el permiso previo y por escrito del titular del Copyright. Únicamente, se podrá reproducir párrafos parciales del mismo con la mención del título y el autor.

All Rights Reserved

It is a crime the total or partial reproduction of this book, his computer treatment, nor the transmission of any form or for any way, already be electronic, mechanical, neither for photocopy, for record or other methods, his lending, rent or any other form of transfer of use of the copy, without the previous permission and in writing of the holder of the Copyright. Only, they can play the same partial paragraphs with reference to the title and author

 Hildebrando Rodríguez dijo...

POEMA HILDEBRANDINO DE DOBLE RIMA PARA EL POETA LIBARDO ARIEL BLANDÓN LONDOÑO

He leído tus poemas gran poeta colombiano
y con saludo de mano te entrego muchas diademas.
Las mereces sin dilemas porque vienes demostrando
que te sigues manejado en el poema y sus formas,
cumpliendo todas sus normas que la gente fue agregando.

Por genética recibe la persona que se expresa
la base con que endereza el camino cuando escribe.
Ningún poeta se inhibe de hacerlo con emoción
cuando de su inspiración le van saliendo las cosas
y las formas más preciosas, coordina con devoción,

Escribe quien se propone a modelar una idea
y en el acto se recrea como siempre se supone.
También el que se dispone a embellecer lo que dice
y que muy bien lo precise para su satisfacción
porque tiene una visión que hasta Dios se la bendice.

Leobardo "Ariello" lo llama gente de la población
y con mucha decisión en escenario lo aclama.
Canta y enciende la llama del púbico que lo escucha
porque su técnica es ducha, lo mismo que al recitar,
por lo que suele triunfar ya que su experiencia es mucha.

Libardo Ariel Blandón Londoño

Dr. Hildebrando Rodríguez
C. I. V-651.103
Profesor Titular de la Universidad de Los Andes
Individuo de Número (Sillón 3) de la Academia de Mérida
Miembro de la Unión Hispano-Mundial de Escritores
Presidente-Venezuela de la Unión Mundial de Trovadores
Primer Miembro de Honor de Bioanalistas Especialistas de Venezuela

Mérida-Venezuela, 22 de agosto del 2017

INTRODUCCIÓN

Vale la pena hacer entrega de otro paquete de poemas reversibles o regresivos a un exquisito público lector... quien goza de la poesía es un personaje, es un inquieto por las cosas que trascienden, por las que en ningún momento se quedan ahí... atraviesan la barrera de lo trascendental, se sublimizan, léase bien, se Sub li mizan; y como una gota de agua se sublima, se desprende, pareciera que se desaparece y en el aire busca su acomodo.

Es otro de mis trabajos poéticos en el que presento tres tipos de poemas: los sencillos que comprenden diferentes técnicas como piezas poéticas elaboradas con estrofas de tres versos o tercetos, los hechos en cuartetos, los construidos en quintillas (de cinco versos) en sextetos, nono o eneasílabos (de nueve sílabas fonéticas) y décimas. Como puede verse es bueno mostrar la obra en diferentes presentaciones. Así el lector no se encuentra con lo monotonía en el camino del poema, en el sendero de los versos.

En cuanto a los contenidos, presento variados temas: los hay cómicos, de tragedia, de despecho, de amor, reflexivos, religiosos y los que más me gustan: aquellos que tienen algún grado de dificultad importante: *las Filigranas* que consisten en poemas sometidos a un cierto grado de dificultad.

Estos poemas pueden leerse de diversas maneras, dada la forma como fueron escritos o construidos. La gran mayoría son obras regresivas, se pueden leer de abajo hacia arriba empezando por el último verso y terminando con el primero. Leídos en dirección normal: de derecha a izquierda y cambiando la puntuación. Las estrofas pueden variar.

Pero existen otras más elaboradas como las concebidas morfológicamente de manera múltiple. Son varias poesías en una. Al final del libro aparecen como segunda parte, en su presentación se explica cómo deberá leerse.

Y como tercera parte aparecen unos cuantos poemas de carácter religioso que no me pueden faltar en ninguna de mis obras, son el toque espiritual que le pongo a mi trabajo como alimento para el alma, son el sentimiento humano hecho verso.

Espero, mis queridos lectores amantes de su majestad el poema, disfruten de mis *cardos líricos,* el buen sentido del verbo, el homenaje a la palabra porque es magia, la verdad hecha milagro. Convierte el dolor en alegría, la tristeza en agonía, la acaba y, lo más importante convierte las penas en fiesta. Es capaz de hacer de una congoja un verso, del dolor un canto, de la angustia el arte, para la mente un reto, para el alma alimento y para la muestra un botón.

Ariello autor-editor
www.ariello.net

ÍNDICE

Primera parte   17

1.   El silencio de un verso
2.   El sonido de una lágrima
3.   Cambiemos
4.   El conjuro de la montaña
5.   La sed que me embarga
6.   Un rosal de suspiros
7.   Con decoro
8.   Milagro en el ara
9.   Sombras destruidas
10. Al fondo del espejo
11. Huella cristalina
12. El humilde rapaz
13. Cuando el alma se atropella
14. El trivial arrogante
15. Trampas a la vida
16. El vino y el agua
17. Con el fuego de tu labio
18. El himno de la noche
19. Suicidio
20. Mi alacena
21. Sepelio sideral
22. Acerbo dolor
23. Linda mariposa
24. Ley de Murphy
25. La gran fiesta

26. No soy poeta
27. Quien se silencia
28. Domingo en la Villa
29. Dulce veneno
30. El campeón
31. Una pena de amor
32. La chispa
33. Soy tu folio
34. La inteligencia de la serpiente
35. Una flor en tu almohada
36. Pensamiento pasajero
37. El molde de tu beso
38. Mi tumba
39. Crucifixión
40. Mi copa propia
41. Avaricia
42. Por defecto o por exceso
43. Doliente huella
44. Hay de locos a locos
45. La dosis de un "te quiero"
46. Paloma mensajera
47. Del filo de la montaña
48. Sendero de abrojos
49. Dice el vino
50. Lluvia de angustias
51. Justo al traste
52. El sabor de un lagrimón
53. El verso reta

54. En un quiste
55. Sin reposo
56. La flecha despiadada
57. Desilusión
58. El placer de la venganza
59. Tu sombra
60. En la estación
61. Momento feliz
62. Soneto a dúo
63. Perfecto
64. Picardía
65. Una luz incandescente
66. La huella
67. Muy triste
68. Nubes borrascosas
69. El alma desnuda
70. Vampiro humano
71. Tentación
72. Qué pasó
73. Soy tu reto
74. Entre rayos y truenos
75. Ángel del mal
76. El batracio y la crisálida
77. Después de estar ausente
78. Milagro o maldición
79. Rebosante de alegría
80. Tu indiferencia
81. En un silencio

82. Pintado de rojo
83. Alejados de sí mismos
84. Cocuyo extraviado
85. El sabor de la amargura
86. Mundos paralelos
87. En lontananza
88. Con las alas cansadas
89. Sin tus alas
90. El rigor de los amores
91. Tentación de amor
92. Recuerdo lastimero
93. Momentos de entrega
94. La congoja
95. Perdón
96. Responder por la alta.
97. En el fondo de esta hoguera
98. Por la senda a solas
99. Vengo

Segunda parte Filigranas 139
100. Púrgalo
101. Didáctico esdrújulo
102. Luna llena
103. Fino porte
104. El zumo de la caña (2)
105. Volemos juntos
106. Dónde estás celeste

107. A la zaga de un verso
108. Los cuatro misterios
109. Dolencias
110. De alguna manera
111. Aquellos momentos
112. Poemas sucumben
113. Dios lo quiera
114. Acróstico doble
115. Acróstico dobletiao

Tercera parte: Poemas Místicos   **157**
116. El cadejo de cabello
117. Tengo sed
118. Lágrimas de fuego
119. ¿Quién es Dios?
120. Se parece a Jesús
121. El capataz
122. La coronación
123. Al Calvario
124. La cruz vacía
125. Elemento funerario
126. Con la venia
127. Transfiguración
128. El gran pecado
129. La tienda del rabino
130. El retratista

PRIMERA PARTE

CARDOS

1 El silencio de un verso
junio 11 de 2017

Una lágrima aflora a la pupila
al fundirse el cristal que la promueve,
equilibra la angustia que la mueve
pues la vuelve más simple, más tranquila.

En silencio de un verso se perfila
en la gran partitura que conmueve,
si el diamante fundido se remueve
de la nota el silencio no asimila.

Es un verso en silencio convertida
esa lágrima, salta de repente
en la gran partitura de la vida,

una gota en silencio es muy diciente,
en el folio impoluto si es vertida,
para el alma será más elocuente.

2 El sonido de una lágrima
junio 12 de 2017

El sonido de una lágrima se mece
en el seno de una pena, una amargura,
en el alma se moldea su figura,
con el verbo se define o desvanece.

En el brillo de esa lágrima parece
distinguírsese del fuego que la apura,
en la forma cómo rueda, limpia y pura
se vislumbra el resquemor en que perece.

Y silente se desplaza aquella gota,
de los cielos se desprende somnolienta
hacia el pozo del olvido va en derrota,

de una lámpara retoza la centella
de una límpida pupila triste brota
en silencio y reluciente como estrella.

3 Cambiemos
junio 13 de 2017

Cantémosle al dolor y a la tristeza
un himno que convierta en alegría
la pena que se clava en la cabeza
con dosis de lujuria y de grandeza
cambiándola por calma y armonía.

Hagamos nuestra propia cofradía
rezando una oración en la mañana,
dar gracias al Creador a mediodía
y al fin, al terminar la tarde umbría
que se haga una oblación hora temprana.

Volvamos a la tarde soberana
no hagamos del crepúsculo un lamento,
en tanto allá en la torre la campana
solemne su ding dong lo lanza ufana
celebra con placer en su momento.

Humildemente tañe aquel portento
de rosas que conforma el campanario,
cantémosle hoy el himno al sufrimiento,
llenemos de alegría el cruel tormento
y armemos con sus cuentas un rosario.

Cambiemos el común itinerario,
pongámosle color a la blancura,
hagamos del futuro cenizario
un tálamo de rosas funerario,
miremos otra idea de sepultura.

Quitemos el temor a la negrura,
tomemos del dolor lo relevante,
tornemos a lo dulce la amargura,
el odio lo cambiamos por ternura
y el alma vuelve justo a su constante.

4 El conjuro de la montaña
junio 14 de 2017

En la alfombra del valle que verdea
el jirón de una nube allí refresca,
esperando allá está cuando aparezca
el fundido cristal que serpentea.

Ilumina la aurora aquella aldea,
con el alma sedienta de agua fresca
un momento después de que amanezca
una garza, en el agua se recrea.

Mientras abre la aurora su ventana
al tras luz del cristal límpido y puro
que de luz se revienta en la mañana,

de ese acuífero fresco yo me apuro
a beber justo al pie de la montaña
y a sentir en mi entraña su conjuro.

5 La sed que me embarga
junio 15 de 2017

Voy sediento de amores por el mundo,
con el cántaro a cuestas voy y vengo,
como muero de sed yo me prevengo,
en su fuego fatal feliz me hundo.

Donde mana el amor voy sitibundo,
lleno el ánfora, ansioso, que mantengo,
con la cruz en el hombro a paso rengo
voy, a solas, errante, vagabundo.

¡Oh tenaz manantial de angustia tanta
que jamás a la sed le da mitigo,
un desierto en mi boca se agiganta,

cual las mieses el sol quebranta el trigo
tengo seca la boca, la garganta,
de la sed que me embarga es Dios testigo

6 Un rosal de suspiros
junio 15 de 2017

En la atmósfera oscura de un convento
una sombra levanta su figura,
un rosal de suspiros, se le äugura
de terribles angustias sufrimiento.

Esa queja doliente es de tormento,
de una dama es la sombra en la clausura,
se desgarra de sí su vestidura
del azote se escucha su lamento.

Una diosa silueta se proyecta
en aquel paredón desvencijado
que a la diva, del mundo desconecta,

una noche pesó más su pecado,
la silueta desnuda era insurrecta
un orgasmo tenaz fue despiadado.

7 Con decoro
junio 16 de 20117

Masticando mis sueños voy sin suerte
derramando una lágrima furtiva
por la calle empedrada a la deriva,
por el mustio sendero que yo acierte.

Juguetear con miseria me divierte
pues la vida al abismo me derriba
siempre ha sido hacia mí la suerte esquiva
siempre he sido la sombra de la muerte.

Y transido de angustia escalofriante,
reposado y silente oculto el lloro
que me brota a los ojos al instante,

una lágrima, el único tesoro,
por el rostro, augusta y desafiante,
me resbala brillante y con decoro.

8 Milagro en el ara
junio 16 de 2017

Deslumbrante la flor cuando abre el día
que silente se ve sobre la mesa,
el altar a la Virgen lo embelesa
derramando su pétalo ambrosía,

A la imagen la flor le da armonía
una llama le da luz y tibieza
la fragancia le da la sutileza
el amor lo desborda de alegría.

y brotaron así sencillamente
de la flor que a la Virgen dedicara
unos cuantos botones de repente,

un milagro surgió, surgió en el ara
una gota se vio bañar su frente
y otra tanta rodar se vio en su cara

9 Sombras destruidas
junio 17 de 2017

De contentos el alma se extasía
cuando ve que está cerca la esperanza
de volver a mirar la luz del día.

A Dios gracias se da por la templanza,
por la paz que serena la conciencia,
por la luz que da el toque de confianza.

Por la gracia que colma de sapiencia
al galeno que a pulso y escalpelo
le devuelve la luz a la existencia.

Una nube se cruza como un velo
en la comba infinita de la mente
que oscurece de plano el hondo cielo.

Estrelluelas se aprecian tenuemente
que en su fondo impoluto son la cumbre
en un mar que de luces es la fuente.

Pero en medio de tanta incertidumbre
sólo Dios el sendero lo ilumina
con sus luces de amor que es otra lumbre.

El galeno en la mesa, bien termina
su luciente tarea que de abrojos
y de sombras cubrían la retina.

Y de pronto un milagro, los despojos
de las cuencas son sombras destruidas,
el galeno re-adapta aquellos ojos.

En momento solemne que decidas
te florecen dos soles en el acto
dos milagros en luces convertidas.

10 Al fondo del espejo
junio 18 de 2017

Una imagen al fondo del espejo
se incorpora y enhiesta se levanta,
se refleja en su rostro angustia tanta
que se queda mirándome perplejo.

Es la imagen virtual de un pobre viejo,
embebido en delirios triste espanta,
en profundos dolores se atraganta
y es el alma en olvidos un complejo.

Una sombra en el fondo se vislumbra
con la imagen del rostro en un mutismo,
una lágrima rueda en la penumbra,

yo me quedo mirándome a mí mismo
en un negro silencio que me alumbra
con la gota de llanto en un abismo.

11 Huella cristalina
junio 19 e3 2017

A la sombra de un sol que se obscurece,
en el cielo sin luz de mi rutina,
busco ansioso esa huella cristalina
que en el fondo del alma resplandece.

Una oscura silueta que envejece,
embebida en la sombra difumina
esa imagen de un rostro que adivina
el espejo del tiempo en que fenece.

En un puño de rosas frescas, rojas,
los recuerdos deshojan, son despojos
y aparecen solemnes las congojas.

De un erial florecido entre manojos
las fragancias se ocultan en sus hojas
donde vienen ocultos los abrojos.

12 El humilde rapaz
junio 19 de 2017

En el mar turbulento de este cielo
donde el viento circula con constancia
pone el veto de plano a la arrogancia,
el humilde rapaz que se alza al vuelo.

Con tenaz convicción y sin recelo
se le ve planear con elegancia,
ve su presa voraz a la distancia,
en picada se lanza como en duelo.

Y la ruta que sigue es la corriente
donde el vuelo perenne son arrullos,
a su nido conduce indiferente,

Con sus cantos, efímeros murmullos
da el anuncio a los otros de la fuente
de una gran provisión para los suyos.

13 Cuando el alma se atropella
junio 20 de 2017

Cuando al alma se atropella
surge en contra otro destino
que equilibra sin querella
a la luz de sombra aquella
en la sombra del camino.

Equilibrio repentino
al crucial desacomodo,
al compás del rojo vino
bebo el néctar purpurino
que enajena de algún modo.

Te hallarán en un recodo
a la vuelta del sendero
embebido en pleno lodo
recubierto todo, todo
en un sucio pantanero.

Te veré vuelto un reguero
de piltráficas carroñas
donde el sol te queme el cuero,
en el toque postrimero
se te clavan las ponzoñas.

14 El trivial arrogante
junio 20 de 2017

Una cruz lleva al hombro el milagrero
donde habrá de morir crucificado,
un lujoso ataúd el carpintero,
un tenaz muladar el pordiosero,
todos damos un paso hacia el costado.

Una cruz, milagrosa se ha mostrado,
el lujoso ataúd es un muestrario,
el tenaz muladar se ha demostrado
es peor que aquel nudo del ahorcado.
o la cripta o un simple cenizario.

Pero hay algo crucial: es el Calvario
es la tumba o la fosa, el mismo suelo
o la tal estrechez de aquel osario
que acabó por quedarse solitario
en el mismo rincón del del abuelo.

Y ni el mismo Jesús que está en el cielo
arrojó contra nadie un improperio,
el trivial arrogante en su desvelo
por lanzarse a los aires alza el vuelo
escapándose al mismo cementerio.

15 Trampas a la vida
junio 21 de 2017

Aprendí a hacerle trampas a la vida
cuando tuve valor y buena suerte,
aprendí: si te metes con la muerte
siempre habrás de torearla, nunca huida

Entender cuándo emprendes la partida
es de suma importancia, el esconderte,
y en momento crucial has de perderte
por distinto camino, es la salida.

Entender que los ciclos circadianos
en la vida y la muerte son la esencia
que controla a los míseros humanos,

en su juego la gloria es sin clemencia
hace gala en los íntimos arcanos
y se expresa en el alma si hay conciencia.

16 El vino y el agua
junio 21 de 2017

Una copa sed tiene de aquel vino
añejado en el vientre de un tonel,
con la sed que se liba el néctar fino,
ese almíbar tan dulce y purpurino
sólo dioses lo beben en tropel.

Y preparan suntuosas bacanales,
la vendimia la esperan con pasión,
se emborrachan después como animales
se transforman como pavos reales
y terminan botando su ingestión.

Con la copa sedienta de agua pura
se equilibra la angustia de la sed,
buen indicio las aguas nos augura,
purifican nuestra alma, dan frescura
y está siempre dispuesta a su merced.

Es el vino, del agua, diferente,
es de dioses el vino, bacanal,
tomo el ánfora llena, -alzo la frente-
de aquella agua que viene de la fuente
a Dios gracias le doy y al manantial.

17 Con el fuego de tu labio
junio 21 de 2017

Con el fuego quemante de tu labio
que se funde en un ósculo de amor
va dejando en tinieblas el agravio
va quemando en sus brasas el resabio
que causara en mi boca su calor.

Una pena se trueca en alegría
y la misma se cambia en escozor
un cadejo de sol del mediodía
es la lámpara, entonces que solía
alumbrar de tus ojos el candor.

Ese labio de rosa que estremece
y me pone a vibrar lleno de ardor
es la gran tempestad cuando amanece
es la dulce ilusión cuando anochece
la que enciende el erial con una flor.

18 El himno de la noche
junio 22 de 2017

La noche está radiante, hay luna llena,
luciérnagas fulguran por doquier,
brillantes en el cielo, luz serena
que amante singular y de amor plena
espera hasta el destello rosicler.

Con lípidos arpegios siderales
le dan la serenata al despertar
con música de pájaros virtuales
que emblema son de cánticos reales
el mundo se despierta en un cantar.

Del himno de la noche su armadura
está en el pentagrama sideral,
un clásico cocuyo allí fulgura
al son de la luciente partitura
la cita es con la noche señorial

19 Suicidio
junio 22 de 2017

Sentado, la cabeza metida entre un talego
encuentran desdoblado el cuerpo de un señor
llegó la policía, llegó a paso de ciego
haciendo mil preguntas, y nadie hizo el favor.

No halló respuesta alguna al muerto le delego
el cuerpo del delito en todo su rigor,
la huella en la cabeza de aquella arma de fuego
señala con tristeza, la causa es el amor.

Un tiro en la cabeza resulta más derecho
dejar la vida aciaga, que es causa del despecho
y en un momento a solas soñar con el panteón.

con un tiro en la frente me pongo en la memoria
de aquellos que soñaron, soñaron con la gloria
y hallaron en la muerte la eterna solución.

20 Mi alacena
junio 22 de 2017

Llené de provisiones mi alacena
y puse cada cosa en su lugar
miré que no faltara enhorabuena
el vino o la cerveza entre la cena
no puede ni por gracia allí faltar.

Me entró la incertidumbre como espina
y quise nuevamente repasar,
de haberes suculentos se adivina
algunos que son base en la cocina,
hambrunas nos permiten solventar.

El timbre le interrumpe, un buen sujeto
ayuda solicita por favor
no tengo para dar ningún objeto
le invito a un aguardiente con respeto
y en farra terminó con el licor.

21 Sepelio sideral
junio 23 de 2017

Con cánticos perennes de lindos tominejos
yo pongo en el paisaje la nota musical
un poco de arreboles que brillan a lo lejos
le dan color y ponen el toque sin igual.

Con unas pinceladas los tímidos reflejos
le pongo a aquella tarde radiante y señorial
un toque de colores, de tonos bien añejos
le dan color sepiesco al cuadro sideral,

que pinten los reflejos de escenas las mejores
que vengan desde lejos los pájaros cantores
allá en el horizonte ya empiezan su trinar

se cubre de una sombra la tarde, repentina,
se anuncia un gran sepelio en hora vespertina
el muerto es el rey astro que llevan a enterrar.

22 Acerbo dolor
junio 23 de 2017

El acerbo dolor que me acobarda
deja pleno de angustias a mi pecho
aunque en brasas mi pena se ha deshecho
en el alma la angustia se resguarda

y abre plena hacia el cielo la mansarda
que le deja, ante un mundo insatisfecho
todo aquello que luzca, a su despecho,
lo que cuida mi ángel de la guarda.

Me resguarde de ti, dichosa sierpe
que me endulzas de música -Euterpe-
y me colmas de penas lujuriosas,

de una vez despedázame amor mío,
aquí estoy con mi pena y con mi hastío
ocultando el dolor entre mis cosas.

23 Linda mariposa
junio 23 de 2017

Con el talle de linda mariposa
vas llevando tus lujos al espejo,
los colores son vanos, son el dejo
que pintara de amor la más hermosa.

Volandera veloz en una rosa
te embelesas, de afán y no me quejo
cada uno promueve su festejo
cuántas veces, silente vanidosa.

y te posas en cáliz florecido
suavemente desdoblas lo que ha sido
la espiral que se enrolla en buena pompa,

acomoda en la flor en su momento
lo que tiene que ver con su alimento
aquella espiralada y larga trompa.

24 Ley de Murphy
junio 23 de 2017

Esa mosca en la leche nunca falla
o ese pelo en la sopa al almorzar
el lunar que no falta no se ensaya
es asunto que: vaya, vaya, vaya
en la vida tenemos que aguantar.

En los hijos habrá una oveja negra
es el parche que nunca ha de faltar,
es la oveja que aquí se desintegra
del redil que por culpa de la suegra
la familia se va a desbaratar.

Ese Cristo que sufre el matrimonio
es el mismo que habrá de señalar,
a esa virgen que asiste San Antonio,
el mal genio la vuelve en un demonio
muy difícil será en matrimoniar.

Como siempre en el tiempo que transcurre
algo extraño se habrá de presentar,
ese bus ya no pasa, siempre ocurre,
a otro perro ese hueso se discurre
Ley de Murphy no falla al apostar.

25 La gran fiesta
junio 24 de 2017

Voy a hacer una fiesta en mi aposento
estoy presto a invitar hasta la muerte
tengo todo dispuesto hasta el momento
el licor, las mujeres, el jumento
en que habré de montar si tengo suerte.

Un tonel de buen vino allí se vierte
bien añejo, en derroche y sin medida,
entre copas y copas no se advierte
si el presunto invitado se divierte,
ya se da de por sí misión cumplida.

Ha llegado el momento todo es vida
se presenta a la fiesta mucha gente
entre tragos y risas hay cabida
para un chiste, una broma al fin manida
da razón del efecto de aguardiente.

Las hermosas mujeres tenuemente
se encaminan dichosas y elegantes,
suelen ser la que más, más elocuente
la que siempre aparenta inteligente,
y despiertan al fin interrogantes.

Con tacones bien puestos, buenos guantes
lucen ellas sus más lindos joyeles,
en los dedos luciendo sus diamantes,
un derroche de clásicos brillantes
que auspiciaron los máficos carteles.

Con los tragos comienzan los tropeles
todos sordos la bulla es pura fiesta
se convierten billetes en papeles
pues pululan por aires y anaqueles
todos suelen sumar y nadie resta.

Ahora viene el momento de la ingesta
y con una gran cena allí se empieza,
ahí no importa si alguno se indigesta,
se me afloja el trasero alguien contesta
si comentan que el baño está en la pieza.

Sirvan vino que aquí ya no hay tristeza
ahora vamos cada uno hacia la cama,
donde cabe un varón cabe Teresa
con la amiga que trajo, y su belleza
se disfruta al rincón y sin piyama.

Cardos líricos

Al oscuro se escucha alguien que clama
un traguito de más para el sediento
el guayabo es tenaz es pura llama
la garganta está seca y me reclama
una copa de vino en el momento.

Porque el vino añejado es alimento
y apagar el candil es muy temprano
continuemos la fiesta en tu aposento
yo me quiero montar en el jumento
quiero burra o termino con la mano.

Y las bellas mujeres qué mi hermano
en mi humilde perchero están sus trajes
no tocarlas, por Dios, es algo insano
desperdicio de amor que da desgano
no hagas eso bribón no las ultrajes.

Y bebimos sin tregua, hicimos viajes
por la eterna extensión de la lujuria,
navegamos libídicos parajes
explorando los cuerpos más salvajes
que nos sumen en trágica penuria.

Una chispa de sol cae con furia
a través del cristal de la ventana
las mujeres tratadas con injuria
de su lecho saltaron con poliuria
y en el baño otro vino las ufana.

Donde se halla esa dama que engalana
con su dulce belleza y sin querella,
dónde está ese varón que en buena gana
de su fiesta solemne se desgrana
en torrentes de amor sin dejar huella.

Y un silencio se oyó, ni una botella
reciclar se le vio en el basurero,
nadie supo lo que hubo en fiesta aquella
si a la rumba asistió alguna doncella
castidad se perdió con el primero.

26 No soy poeta
junio 26 de 2017

que yo no soy poeta, no lo soy
acabo de entender ¡Oh cosa nueva!
la mente del humano sólo prueba,
al folio donde allí la forma doy.

Palabras ya existían hasta hoy
al folio la acomoda, no la mueva
fue sólo descargarla y que se atreva,
tras una loca idea yo me voy.

El folio ya contiene su poema
palabras vierta sólo con la rima
tendrás, así, un joyel, una gran gema,

y allí el mismo Cervantes si, se arrima,
verá que el folio tiene ya su tema
si nadie allí lo ve, nadie la estima.

27 Quien se silencia
junio 26 de 2017

De un pecado mortal soy inocente
un arcángel, así lo manifiesta,
pues pecar por pecar siempre nos resta
y pecar por amor alza la frente.

De pecar por pecar bien se arrepiente
el que peca a conciencia se detesta,
si lo hace inocente es una fiesta,
del pecado a hurtadillas ni se miente.

Un pecado venial no es un pecado
por lo tanto, se exime penitencia
en futuro en presente y en pasado,

si es mortal te remuerde la conciencia
pero hay uno que nadie ha mencionado
es pecado inmortal quien se silencia.

28 Domingo en la Villa
junio 28 de 2017

Es mañana domingo aquí en la Villa
todo, fiesta será no hay ni un velorio,
hace tiempo no viene la guerrilla
hace tiempo está libre el sanatorio.

Un clavel en el pecho, habrá jolgorio,
luciré con orgullo mi sombrero,
con mi niña estrenar el repertorio
de bonitas palabras, y el ¡te quiero!

Llevaré en mi cartera algún dinero
vestiré, con orgullo el traje nuevo
impactarle a mi dama es lo que espero
de mi brazo llevarla yo me pruebo.

A la misa de diez llevarla debo
porque al alma hay que darle su importancia,
del teatro y la iglesia siempre bebo
los principios morales de mi infancia.

Y dormido quedé… allá en mi estancia
saboreaba mis sueños e ilusiones,
percibí del amor esas fragancias
que acaban convertidas en canciones.

Llega el aura esculcando en los rincones
para luego llenarlos con su lumbre
a la plaza repleta de matones
la encontró con inmensa pesadumbre.

Un bandido, como era su costumbre
puso el arma en mi cuello amenazante,
dame todo el dinero, Dios te alumbre
el sendero a una paz reconfortante.

Y en mi padre pensé, yo era un infante,
vi su cuerpo sangrante ahí en el suelo,
vi tronchados mis sueños al instante,
a mi novia la vi subiendo al cielo.

Observé mi cadáver tras un velo
en cortejo llevar al cementerio,
sin pensarlo dos veces me revelo,
con su arma le impuse mi criterio.

Sonó un tiro en la plaza, fue un misterio,
una bala cruzaba por mi mente,
un olor a formol y a sahumerio
se desprenden del hueco de la frente.

Una sombra se cierne suavemente
y percibo se apagan mis pupilas,
esperanzas y penas del muriente
en el suelo dormitan bien tranquilas.

29 Dulce veneno
junio 29 de 2017

Con el látigo cruel de tu inclemencia
lacerándome el alma estás ahora,
ten prudencia ¡por Dios! dulce señora
porque puedo perderte la paciencia.

Es peor al dolor la indiferencia
donde todo en la vida bien se ignora,
a través de los tiempos desde otrora
entre odio y amor no hay diferencia.

Si entregamos el alma en un instante
pasarán de dolor algunas penas
nada más por hallarlo delirante,

un veneno muy dulce entre las venas
me recorre este cuerpo palpitante
y a otro gran latigazo me condenas.

30 El campeón
junio 29 de 2017

Es el gran campeón de la amargura,
tiene el alma radiante de tristeza,
lleva enorme dolor en su cabeza,
es su sombra tenaz la noche oscura.

Con profundo pesar, pobre de holgura,
de escaseces, sin par, tiene riqueza,
una ingente congoja le embelesa
cuando apenas asoma en sí, locura.

Es el viaje postrer del que se ausenta
de la flor del jardín la más discreta,
ese trozo de pan que a alguien sustenta,

el que en una palabra bien concreta
un milagro al placer nos representa,
con su pluma de amor, es el poeta.

31 Una pena de amor
junio 29 de 2017

Una pena de amor jamás se reta,
ni se puede tratar con medicina
pues la pena de amor no discrimina
ni ante Dios ni ante el mundo se receta.

Una pena de amor siempre es escueta,
ocultarla imposible, es intestina,
mata, acaba, enferma; si asesina
esa pena de amor nunca se objeta.

Si te afecta la pena en algún modo
no le des importancia en modo alguno
porque entonces así encuentra acomodo,

a la luz de su sombra, está de luto
manantial del amor, así en ninguno
se podrá acomodar, en absoluto.

32 La chispa
junio 30 de 2017

Una chispa saltar sea la querella
en momento quizás desprevenido,
hay un riesgo tenaz de que un olvido
en el gran polvorín se torne aquella.

El agente ignitor es la centella
que hace el daño feliz sin hacer ruido,
viene, rompe el silencio en un latido
y una gran explosión sin dejar huella.

No dejarle al amor saltar la chispa
pues vibrante de fuego está pletórica
y al saltar hasta el alma se nos crispa,

cuando expulsa un volcán flamante, el fuego
la eyección de su entraña se hace histórica
y a la calma regresa desde luego.

33 Soy tu folio
julio 1 de 2017

Con la tinta de mis noches invernales
hoy he escrito tu recuerdo en albo día
pero hallé tantos olvidos matinales,
en la sombra yo no hallé los manantiales
de tu tinta que es la luz del mediodía.

Si es de lumbre tu tintero ¡Qué alegría!
sea tu folio esta mi sombra que es oscura,
llena mi alma de tu lumbre vida mía,
donde albergas esa musa que te guía
pon tu pluma, escribe en mí bella criatura.

Allí puedes esculpir, con donosura
la congoja o alegría que en ti yace,
yo te juro, corazón, que en su espesura
en la sombra de mi eterna sepultura
tu secreto en mí plasmado se deshace.

34 La inteligencia de la serpiente
julio 1 de 2017

Una gran tentación fue la manzana
que del árbol colgaba en el Edén,
donde todo se tiene no se gana
ni tampoco se pierde, vida vana
ni sentido lo tiene un parabién.

Donde nada hace falta, eso no es vida
"los contrarios" es norma que se den,
de qué vale una ausencia sin partida,
para qué un gran amor si no hay herida,
todo tiene en la vida su vaivén.

De qué sirve la vida si no hay muerte
esa muerte la vemos sin desdén,
una cosa está viva, o está inerte,
si está en sombras sumida quiere verte
si entre luces eternas no soy quien.

Pero sabia la idea de la serpiente
pues, si no hay dependencia no hay sostén
fue una simple manzana aquella fuente
y tal vez fue la más inteligente
se atrajeron los dos de un santiamén.

La serpiente aplicó la inteligencia
poco más, poco menos está bien,
tener todo, tener nada indiferencia
importante es crear la diferencia
en dos polos opuestos que se ven.

35 Una flor en tu almohada
julio 1 de 2017

Una flor en tu almohada he colocado
como dulce recuerdo decoroso
vendrá un ángel del cielo, esplendoroso,
a velar de tu sueño sonrosado.

Mientras duermes tendrás ahí a tu lado
el calor de mi cuerpo silencioso,
hallarás, por lo tanto, buen reposo
y en la aurora verás un día anhelado.

La mansarda te une con el cielo,
te asegura la fuente de la vida
mientras triste mi ser emprende el vuelo.

Porque el ángel custodio se descuida
otro vino a hurtadillas tras un velo
a cuidar mi mujer que está dormida.

36 Pensamiento pasajero
julio 2 de 2017

Empotrado en la mente un pensamiento
se acomoda en silencio e ipso facto,
permanece incrustado allí en el acto
liberarse jamás ni en un momento.

A pesar de efectuar algún intento
en el cielo mental, en punto exacto,
en su comba infinita causa impacto,
es tu imagen un sol en movimiento.

Una nube cruzó por mi memoria
y me trajo un recuerdo imperecedero
me recuerda la cámara mortuoria,

eclipsar aquel sol fue lo primero
se oscurece la mente, se hace historia
lo que fue un pensamiento pasajero.

37 El molde de tu beso
julio 2 de 2017

Hago el molde clásico en mi boca
con la simple forma de tu beso
pongo humilde el mágico embeleso
en el cáliz mismo que provoca.

Inocente caigo en cosa loca
armo el molde, pruébolo en exceso
es exacto, encaja y es por eso
nos resulta lógico, sofoca.

Tengo el molde único, no hay uno
que asimile el máximo delirio
producido aquí de beso alguno,

que de estuche sirva en el momento
sin mi molde el beso es un martirio
pues se escapa fácil con el viento.

38 Mi tumba
julio 3 de 2017

En un mar de ilusiones hoy navego,
en las ondas se encrespan sus espumas,
a sus vientos macabros yo me entrego
mientras vago bogando entre sus brumas.

Con el viento he perdido hasta las plumas,
en eternas tormentas vivo aciago,
soy aquella paloma que desplumas
en el mar ilusorio en que naufrago.

Con el alma en las sombras triste vago,
en el mar de la muerte ya me ahogo,
con amargos dolores yo me embriago
por tu amor de querella, al hado abogo.

fue un silencio profundo el desahogo,
si en el propio Mar Muerto hallo la tumba,
al gran dios de los vientos interrogo,
en el mismo Mar Muerto que sucumba.

39 Crucifixión
julio 3 de 2017

Coronada de abrojos mi cabeza
como Cristo Jesús en el Calvario
hoy padezco en mis noches un rosario
de amargura, dolor y de tristeza.

Un delirio de amor allí se empieza,
mi conciencia embargó, fue necesario
porque al ver mi fatal itinerario
al final del camino todo pesa.

Y una luz disipó mi gran tiniebla,
una cruz luminosa se aparece
como densa y brillante blanca niebla,

y colgado mi cuerpo se estremece,
de dolencias el alma se repuebla
esperando la aurora y no amanece.

40 Mi copa propia
julio 3 de 2017

Es tu boca la copa que atesora
ese vino embriagante del amor,
por tu labio fragante pago ahora
esa cuota quemante ensoñadora
que con fuego se salda, con ardor.

Si libar yo pudiera, sin embargo,
ese vino, que aun arde, sin alcohol,
un misterio aquí surge, dulce amargo
que nos sume en un hondo letargo
es elíxir que hierve en un crisol.

Así presto a apostar mi copa propia,
con el fuego quemante se fundió,
aunque deje mi labio en plena inopia
de tu fuego mi espíritu se apropia,
de tu espíritu tal vez me apropie yo.

41 Avaricia
julio 3 de 2017

A mi cuerpo le encanta tu caricia
y responde temblando de estupor,
al saberlo despiertas tu avaricia,
al instante me tienes la primicia:
no hay caricia, ni juego, no hay amor.

Mas, absorto me pongo en el momento,
esperando me quedo su razón,
y en profundo silencio pasa el viento,
sólo sopla, susurra, eso es tormento
la respuesta no tiene solución.

Se despierta mi sed por agua fresca
que se encuentra en su puro manantial,
dame un sorbo no más así perezca
esta noche, quizá cuando amanezca
tenga llena mi jarra de cristal.

Con su mano tomó la mano mía,
de una gota no más se desprendió,
de agua pura a su sorbo sucumbía,
y su pecho vibraba, respondía,
en mi boca su beso se fundió.

42 Por defecto o por exceso
julio 4 de 2017

Donde pueda entregar y hallar cariño
que la vida me otorgue en esta hora,
donde pueda saldar lo que hasta ahora
en mi haber he tenido desde niño.

En la paz fenecer, a ella me ciño
al sin par equilibrio desde otrora
en eternos vaivenes rememora
el acervo de sueños que constriño.

Mis anhelos ahí van, todo compreso
con el mundo he de estar en equilibrio
no pecar por defecto o por exceso.

Hoy ya tengo el lugar que me señala
y me pone ante público ludibrio
de cariño estoy lleno, me resbala.

43 Doliente huella
julio 4 de 2017

La fuente que refresca la llanura
arrastra en su trajín doliente huella,
conserva allá en su entraña sombra aquella,
alberga entre su lecho la basura.

Avanza hacia su propia sepultura
llevando un huracán que le atropella,
la carga en su interior desdice de ella,
la muerte en sus entrañas se le augura.

Crecido su caudal con denso lodo
no cabe cuando pasa por el puente,
va a punto de explotar en un recodo.

El hombre la contempla indiferente,
en aras de encontrar un acomodo
muriendo está de sed y con su fuente.

44 Hay de locos a locos
julio 5 de 2017

Dando vueltas cual noria me la paso
en el patio del tétrico hospital,
estoy cuerdo parece, es un acaso
dice un loco que busca allá en su ocaso
la respuesta precisa de mi mal.

Está loco el señor de blanca bata
quien presume de cuerdo así no más,
la enfermera al vecino que maltrata,
al más loco, re-loco casi mata
está loco hasta el mismo satanás.

Hay de locos a locos… quien lo dice
ha estudiado a lo loco hasta el final
pero el cuerdo "que piensa" se maldice,
el que piensa, "estar cuerdo", que analice
es el tema de este ángel sin igual.

Pero aquel hospital es un misterio,
aquí siempre se viene a sucumbir,
están pobres los hombres de criterio,
más parece un horrible cementerio
donde vienen los cuerdos a morir.

45 La dosis de un "te quiero"
julio 5 de 2017

Con la dosis precisa de un "te quiero"
voy hollando tu rastro en pleno acaso
hoy arribo a tu playa en mi velero
para hallar en tu arena el derrotero
que dé norte a mi barca en tu regazo

ya me acerco, en tormentas, paso a paso
no vislumbro la playa en lontananza,
en mi espalda del sol siento el abraso
como fuerte y quemante latigazo
que lacera mi piel mientras se avanza.

De bogar por amor nadie se cansa,
sacrificio es, dolor y desventura,
la tormenta no cede, se abalanza
sobre un barco perdido que se lanza
a las fauces del mar en aventura.

Por hallar el amor de una criatura
de una playa lejana en una tarde
esa panza del mar en su bravura
fue, a la postre, la eterna sepultura
de un "te quiero" sin nombre; Dios lo guarde.

46 Paloma mensajera
Julio 5 de 2017

Se acercó la paloma, hizo una pausa,
en la reja posó, por la mañana,
una nota en su pico fue la causa,
el mensaje lanzó por la ventana.

Un puñado de versos se desgrana
y se expande en el hall del aposento,
un poema de amor en filigrana
se revienta, libera el sentimiento

Una suave fragancia en este evento
invadió con su olor toda la sala,
versos hay esparcidos por el viento
y palabras flotando a gran escala.

Y de pronto una sílaba resbala
y prendida en un pétalo se posa,
era un "mor" de mortiño. Y "a" de ala
le antepuse después y así reposa.

47 Del filo de la montaña
julio 5 de 2017

Del filo de la montaña paramuna
el agua salta a la peña distraída,
retoza alegre en la roca endurecida
por tantos siglos de estar bajo la luna.

El tiempo cuando discurre, por fortuna
encauza la fuente clara adormecida,
y en gélidos borbotones de agua fluida
se riega la caña tierna una por una

Del vientre de la montaña majestuosa
se escurren como en enjambres a la peña
las mieles que allá en la caña es sacarosa,

y sólo el trapiche sabe cuando muele
qué tanto sabrosa está, en la caña sueña
la escurre, deja el bagazo y no le duele.

48 Sendero de abrojos
julio 5 de 2017

De la agreste tormenta, la penuria
se tornó, como siempre dolorosa,
aquel viento hizo gala de su furia
que pegó lacerante y silenciosa.

Con el peso en el alma ya enojosa
se concibe la gran melancolía
que se suma a la herida temblorosa
marchitando en el rostro la alegría.

Un sendero de abrojos es la guía
que conduce mis pasos al averno,
ruge el trueno en la comba noche y día
de este cielo profundo, negro, eterno.

Ya me encuentro en las puertas del infierno
donde quiero purgar mi atrevimiento
de robarle una lágrima al invierno
y acallar con mi llanto el sufrimiento.

49 Dice el vino
julio 6 de 2017

Quiero libar tu labio dice el vino
ávido de tu beso que lo dopa,
hierve allí la burbuja entre la copa,
cuerpo tengo y sabor, soy licor fino

Heme aquí burbujeante en torbellino,
soy de los vinos clásicos de Europa,
lucen donde se pulen a garlopa
todas las propiedades del tanino.

Quiero probar tu labio hasta el deceso,
basta dopar la copa, al vino luego,
déjolo allí soñar en tu embeleso,

siento cómo un volcán sin cráter, ciego,
ruge en aquel licor, un dulce beso,
lívido de estupor salta del fuego.

Dice el vino
invertido

Lívido de estupor salta del fuego,
ruge en aquel licor, un dulce beso,
siento cómo un volcán sin cráter, ciego,
déjolo allí soñar en tu embeleso.

Basta dopar la copa, al vino luego,
quiero probar tu labio hasta el deceso,
todas las propiedades del tanino.
lucen donde se pulen a garlopa.

Soy de los vinos clásicos de Europa,
heme aquí burbujeante en torbellino,
cuerpo tengo y sabor, soy licor fino…

hierve allí la burbuja entre la copa,
ávido de tu beso que lo dopa,
quiero libar tu labio dice el vino.

50 Lluvia de angustias
julio 7 de 2017

Una lluvia de angustias me atormenta
cuando en mi alma no pueden resbalar,
si resbalan, que acrezca la tormenta,
que los vientos resoplen y den cuenta
de las penas que puede soportar.

Si una pena en el alma no resbala
hace daños, heridas, dan pasión,
quien induce la pena la señala
como justa presea que hace gala
de un preciado y honroso galardón.

A las almas los vientos iracundos
lacerantes abracen sin piedad,
que resbalen, los dioses de otros mundos
ya tendrán en abismos bien profundos
un lugar donde alleguen de verdad.

De ese dardo con ímpetu ofensivo,
hacer daño es la única intención,
si alteramos de plano el objetivo
será, entonces, ponerle un lenitivo
es hacerle a la angustia una canción.

51 Justo al traste
julio 7 de 2017

Sólo quedan vagando los pedazos
de este amor que has tirado, justo, al traste,
he encontrado en aquello que soñaste
un delirio de amor entre mis brazos.

Con diatribas los fuertes tiernos lazos
liberarse pudieron, lo lograste
hacia el hondo vacío que dejaste,
se marcharon llorando los ocasos.

El recuerdo quedó flotando al aire
luego vino el invierno incompasivo,
arrimó hasta tu puerto con donaire.

Al mirar ese mar tan agresivo
levó el barco su vela con desaire
y en el mismo horizonte hizo su arribo.

52 El sabor de un lagrimón
julio 7 de 2017

Para cada diatriba hubo un desaire
para cada desaire hubo un dolor,
se forjó en el dolor con su donaire
lo que siempre accedió a través del aire:
una ingenua sonrisa y una flor.

Todo el aire viciado por la pena
hoy se ocupa en llenar cada rincón,
una nube formó gris y serena
que hizo sombra al cubrir la luna llena,
noche negra de oscura ensoñación.

En la sombra que cruza tormentosa
se diluye la lumbre de un velón,
entre luces de llama temblorosa
que resbala doliente, silenciosa,
se percibe el sabor de un lagrimón.

53 El verso reta
julio 8 de 2017

Cuando hay fuego en el labio de la diosa
a los ojos de un ángel no se objeta,
hay perfume en el cáliz de la rosa,
su fragancia la vuelve apetitosa
a la tinta en la pluma del poeta.

Si se agota la tinta el verso reta
a ponerle más fluido a aquel tintero,
una pena de amor se muestra escueta
se nos clava en el alma cual saeta
con un poco de angustia y desespero.

Nos visita la musa con esmero,
un pequeño escozor mueve a la pluma
entre llanto y congoja y un te quiero
va a colmar nuestro haber que de un brasero
es una ascua quemante que se esfuma.

Como fina loción viene y perfuma
nos envuelve en fragancia matutina
de inmediato su aroma que resuma
mientras fuego a la brasa la consuma
nos procura de gracia la rutina.

Con un par de sonrisas se ilumina
albo folio que espera el dulce trazo,
soy la pluma bañada en sombra fina
que a la negra tiniebla difumina
y coloca su rastro en su regazo.

54 En un quiste
julio 10 de 2017

la opulencia que riñe en gran manera
con la calma infinita de un panteón
toda el alma se angustia y desespera,
el asombro se vuelve una quimera
cuando quiere encantar al corazón.

En un quiste se torna la penuria,
endurece su gran caparazón,
en momentos candentes de lujuria
cuando hierve la sangre con su furia
se despierta aquel quiste y con razón.

Se desnuda, por fin de su coraza,
vulnerable lo deja a la sazón
y en un acto sublime la amenaza
se convierte en evento que desplaza
el tenaz desafío al corazón.

55 Sin reposo
julio 21 de 2017

Oscurece la tarde el caserío
en el rojo poniente del ocaso
y las sombras se ciernen al acaso
despertando el brillante pedrerío.

Los diamantes, se incrustan al sombrío
de la comba celeste y a su paso
una luna desprende en su regazo
todo el brillo que absorbe el manso río.

Como enorme reptil hecho de plata
serpentea en el valle tembloroso
hasta ver el final que se desata.

Un glacial estelar, se aleja airoso
deja un trueno cual honda serenata
mientras brilla su luz ya sin reposo.

56 La flecha despiadada,
octubre 19 de 2017

Un enorme orificio en la cabeza
abre fiera la flecha despiadada,
va manando muy lento inconsolada
lo que aún queda del alma, su proeza.

Es un gesto de amor y de grandeza
esa flecha letal desconsolada
con su buena intención bien fue lanzada
para dar lenitivo a la tristeza.

Con la angustia tenaz que causa el acto
donde aún tiembla sin calma el adversario,
quien la flecha lanzara e ipso facto,

en las sombras hoy vaga solitario…
encarar la tristeza en aquel acto
con la flecha letal fue necesario,

La flecha despiadada (invertido)
octubre 19 de 20017

Con la flecha letal fue necesario,
encarar la tristeza en aquel acto
en las sombras hoy vaga solitario
quien la flecha lanzara e ipso facto.

Donde aún tiembla sin calma el adversario,
con la angustia tenaz que causa el acto
para dar lenitivo a la tristeza.
con su buena intención bien fue lanzada

Esa flecha letal desconsolada
es un gesto de amor y de grandeza
lo que aún queda del alma, su proeza.

Va manando muy lento inconsolada
abre fiera la flecha despiadada,
un enorme orificio en la cabeza

57 Desilusión
julio 25 de 2017

Si pudiera amor mío con mis ojos mirarte
y poder conocerte y, en ti hallar mitigo,
fusionar nuestras almas, eso puedo expresarte
pensaría al momento el casarme contigo.

Pero tengo en el alma un eterno castigo:
son dos sombras mis ojos que me causan desvelo…
y de pronto un donante, sólo Dios es testigo,
disipó aquellas sombras un milagro del cielo.

Con un rayo de lumbre desvanece aquel velo
un milagro infinito aquel rostro ilumina
puede ver a su amado y con grande recelo
son sus ojos dos sombras "eres ciego" termina.

¿Sí te casas conmigo? dice ansioso, declina
esa idea, es absurda dice en serio la dama,
cuida bien de tus ojos, de su luz tan divina,
yo soy ese donante que en sollozos reclama.

58 El placer de la venganza
julio 28 de 2017

El momento tenaz de la venganza
es la fiesta a un sublime acto iracundo,
se percibe un frescor y más confianza,
en el propio interior todo se afianza
se es de anhelo a venganza un sitibundo.

Y se hunde en el hueco más profundo
con el alma perdida y sin memoria
que el dolor provocado en este mundo
se devuelva tres veces y errabundo
tenga que soportar su propia Historia.

Ese dulce sopor que da la gloria,
el amargo dulzor del equilibrio,
si haces mal, que te lo hagan con euforia
dando vueltas y vueltas cual la noria
y te dejen en público ludibrio.

Páginas de luz (de Charo Bernal)

Tú marcabas cada página de luz,
como si me leyeses.
En realidad,
no hacías otra cosa
que escribirme
porque, para mí,
tu luz
es la tinta de mis días…

59 Tu sombra (Contestación)
julio 24 de 2017

En verdad te leía.
Y con mi tinta de sombras
cada página marcaba
níveos folios de tus días…
soy tu sombra mujer, inseparable…
por la pluma aguzada
deja verter mi luz,
la tinta de tus días
como si en mí escribieras…

Esculpe tus secretos
que con celo esconden tus arcanos...
Con los trazos luminosos
de tu pluma difumina
las límpidas sombras
de amor angelicales...
    regreso...
de amor angelicales...
las límpidas sombras
de tu pluma difumina.
Con los trazos luminosos
que con celo esconden tus arcanos
esculpe tus secretos
como si en mí escribieras...
la tinta de tus días
deja verter mi luz
por la pluma aguzada,
soy tu sombra mujer, inseparable...
níveos folios de tus días...
cada página marcaba
y con mi tinta de sombras
en verdad te leía

60 En la estación
julio 25 de 2017

Mujer… han pasado los días…
han pasado y aún sigo
esperando en la estación del tren
la llamada… con la frase
inconclusa que permanece
en el silencio
del buzón de mis arcanos.
Espero…
El tono de tu voz
retumba incompasivo
entre mis sesos
como una explosión
de dicha y miedo…
¡Oh milagro impoluto de la idea!
¡Mengua este mi dolor y esta amargura!
Haz que el recuerdo dulce de sus ojos
vuelvan a iluminar los ojos míos.
O parte en dos este instante lastimero,
arráncale el alma
a este cuerpo que agoniza,
su acento está en el ayer,
hoy se oye en el altavoz

de un vetusto celular
tirado en la carrilera
el resto de aquel mensaje
¡Aló! ¡Amor! ¡Aló!
y... una sombra llenaba aquel vacío
donde un alma de amor tenía su nido
en la noche perpetua de los sueños.

61 Momento feliz
julio 29 de 2017

El momento feliz de la inocencia
es la fiesta mayor de la familia
se percibe el calor de la paciencia,
en el propio interior de la conciencia
se condena el temor a la vigilia.

Y hay que estar a la zaga de su rastro
con el ojo bien puesto ante su huida
que el fragor provocado en su camastro
se devuelva tres veces si me arrastro
hacia el juego inocente en la partida.

Ese gran sinsabor que da el infante
cuando crece dejando atrás su infancia,
pierde el eje, su fulcro, se hace amante
de otras cosas superfluas, no obstante
no hay ni un dejo que impida su constancia

62 Soneto a dúo
Julio 30 de 2017

Qué dulce tu versar amigo mío,
tan dulce como el vino que te dopa
por ti y por Colombia alzo mi copa
brindemos, a tus versos yo me alío.

Qué verso es tu dulzor, qué desafío,
tu verso con mi verso aquí se topa
del vino que es tan clásico en Europa
los dos ahora libamos, tibio o frío.

Revistes esplendor en tus versares,
embriagas de dulzuras a la fuente
y se alzan serenatas de trinares.

Si estás bajo mi sombra es diferente
tus tímidas congojas son cantares
y yo me quedo oyéndolos ferviente.

Por Matilde Lascano
Libardo Ariel Blandón L
Derechos reservados

63 ¡Perfecto!
julio 31 de 2017

La palabra "Perfecto" es una idea
donde apunta la meta que se trace,
si el objeto la meta satisface
es perfecta la acción que se desea.

Los colores no existen, se recrea
la visión que en reflejos se deshace,
en los rayos de luz hay un desfase
es perfecta Natura, luz febea.

lo perfecto consiste en cuán se acerca
o se ajusta a ese típico modelo
como lo hace el tornillo con la tuerca,

es perfecto el que yerra, cae al suelo,
se levanta, bebe agua de la alberca,
y pidiendo perdón levanta el vuelo.

64 Picardía
agosto 1 de 2017

En este atardecer amiga mía,
tan rojo como el vino de mi copa
emana, con silente picardía
un tenue sexapil que desafía
al cuerpo más febril en que galopa.

Fulguran al encanto entre tu ropa,
tus íntimos haberes, tu equipaje,
al cabo si un chamizo aquí se topa
la luna, si una nube bien la arropa
se observa que la gracia está en el traje.

Se apresta una caricia, emprende el viaje
buscando descubrir lo que hay cubierto,
tratando de encajar, aunque no encaje,
lo que hállase ocultado entre el ropaje
con ansias de sacarse aquel entuerto.

Se busca, por demás, hallar acierto
con todo lo que oculto se atraviese,
termínase rendido, casi muerto
yo trato de encontrar en ese huerto
el fruto que es ajeno y no parece.

65 Una luz incandescente
agosto 2 de 2017

Cruza el orbe una luz incandescente,
como estrella fugaz se desvanece,
se descuelga en su lumbre lentamente
y en un gesto de gloria fehaciente
por detrás de una nube resplandece.

Cuando ve su color que empalidece
y se acerca y se aleja y sube y baja,
una gota de llanto se aparece
cuando ve que el humano no amanece
y en un mundo de angustias se relaja.

El tañer de campana, gran alhaja,
que colgada en la torre anuncia el día,
con un mundo de lazos, su mortaja
todo aquello metido entre una caja
hizo gala de muerte, de agonía.

Una esfera de luz despierta impía
en el rojo incendiario que hace alarde,
se oye un trueno que ronca y desvaría,
es indicio de gran melancolía
en los ojos rojizos de la tarde.

66 La huella
agosto 2 de 2017

La huella de una lágrima postiza
un eco es de dolores lacerante,
un rastro va dejando penetrante
un hondo sinsabor en su ceniza.

El llanto que se finge simboliza
gozarse sin piedad el mal instante
que cruza quien solloza delirante,
es lloro donde ocúltase la risa.

Es parte de las ferias de la pena
enviadas hacia al fluir de un gran respiro
cual dardo que es lanzado a una colmena,

se yerguen, en espiras cambia el giro
hollando tras un rastro que envenena
los propios elementos del suspiro.

67 Muy triste
agosto 3 de 2017

Estoy triste, muy triste, languidezco,
hoy está mi corazón sombrío y triste
y las sombras de esta helada noche
me cubren el pellejo, siento frío.

Es un frío que quema mis entrañas
endurece y entiesa este mi cuerpo
me pone ante la muerte como reto,
me hinca hasta los huesos como tuna.

Estoy entristecido en cuerpo y mente
no tengo ya esperanzas en la vida,
las pongo más seguro ante la muerte
que asoma su silueta en cada esquina.

Espera que sucumba en mala hora,
ansiosa ella me espera y desespera,
mas yo en este letargo nada entiendo
sumido me la paso en hondo sueño.

Improperios no lanzo contra el Hado,
él se atiene a lo que hay en mi conciencia
pues los dioses se duermen en sus glorias,
los humanos despiertan en su infierno.

Vaya flecha letal de la inconciencia
que atraviesa perenne y no regresa,
sempiterna dolencia que hace historia
en el íntimo hogar de la cabeza.

Busco el arco que lanza la saeta
luego esconde la cuerda que lo tensa
como esconde la mano, quien la piedra
ha tirado hacia el blanco que la espera.

Estoy triste, es fatal mi desventura
que se arruga silente entre la sombra,
trocearla es la meta que se traza
el que apunta doliente hacia la muerte.

Un manojo de cardos es la paga
con que en crisis se salda la experiencia,
un puñado de versos cubre el mármol
de una tumba en un hueco solitaria.

68 Nubes borrascosas
agosto 5 de 2017

En un jirón de espuma se ahoga tu recuerdo,
recuerdo que se escapa en nubes de dolor,
oculto en el ocaso a solas yo me pierdo
al irme tras la huella del ángel seductor.

Se agita en las entrañas de un cielo palpitante
repleto de luceros, de nubes, de arrebol
el eco de tu beso, sonoro, fascinante
que en un solo momento fundióse con el sol.

Llegó la horrible noche cubierta con su sombra
envuelta en lobregueces dejadas por doquier
por un sol rebosante de luces, que me asombra,
esparce por el orbe colores rosicler.

Allá en la madrugada florece un nuevo día
preñado de esperanzas de citas por cumplir
y apenas sí comienza, la gran melancolía
empieza su trabajo, lo diezma lo hace huir.

Empieza un nuevo ocaso que lleva entre sus alas
mis dichas y esperanzas, con suma prontitud,
y yo me quedo absorto mirando cómo exhalas
las nubes borrascosas que arrastran mi ataúd.

69 El alma desnuda
agosto 6 de 2017

Cuando el alma nos cruje, e intranquila
de un recuerdo tristón y lastimero
una lágrima salta a la pupila,
esa gota de llanto allí vertida
es señal de que el alma conmovida
da su muestra de amor puro y sincero.

El recuerdo se escapa entre las manos
y el olvido se oculta en el pasado
donde yacen vigentes los arcanos,
son cual genes ocultos en el soma,
cuando menos se piensa allí se asoma
con su cara, tal cual, el gen guardado.

Es, así, cuando el ángel que nos cuida
se aparece en el sueño en el que yace,
se despierta la pena ya dormida,
en un acto de suma incertidumbre
se reviven las cuitas con la lumbre
de la estrella fugaz que se deshace.

Y las sombras reviven en su entraña
el dolor inefable que lo abrasa,
con tizones ardientes se restaña,
se recuerda el olvido de repente
y en un limbo absoluto está la mente
moribunda, tal vez, entre su masa.

Muerto o vivo, está el alma ya no hay duda
en aprietos en aras de lo inerte
donde oculta en un cuerpo está desnuda,
vuele libre en el ancho firmamento
donde no haya, siquiera ni un lamento
que del sueño perenne la despierte.

70 Vampiro humano
agosto 6 de 2017

Con la estaca de palo clava el pecho
a este cuerpo, inmortal vampiro humano
que dormido en el día luce ufano
en su gran ataúd de mármol hecho.

Si levanta la tapa y a despecho
ve como abre los ojos un anciano
el tenaz cazador que es veterano,
allí duerme profundo, satisfecho.

¡Es mi padre, por Dios, ese vampiro!
¡cómo hundirle la estaca en este instante
cuando duerme tranquilo! da un suspiro…

exhalado profundo y penetrante…
gruesa estaca clavó tras un respiro
en el pecho del cuerpo palpitante.

71 Tentación
agosto 6 de 2017

Si resbalan mis manos por tus sueños,
si retozan tus manos con la mies,
quedarías hundida en mis ensueños,
caería rendido ante tus pies.

No tendría el consuelo que restaña,
que me otorga un instante de pasión,
moriría de amor como la araña
si no escapa es fatal su relación.

Si una dulce sonrisa se me ofrece
con la simple ternura y nada más,
ese tris de cariño te engrandece
para darle un sentido pertinaz

Ya vendrá de ganancia la ventura
de quererlas por siempre merecer,
de dejarnos ahogar por la ternura
y rendidos quedarnos de placer.

Si mis labios resbalan por tu cuerpo,
si se rozan tus labios por mi piel,
se produce, en la sangre, un anticuerpo
que a la postre me incita a ser infiel.

Inconsciente el sujeto se embelesa
y claudica al instante el corazón,
al amor se sucumbe, se hace presa,
es tan fácil perderse en su ilusión.

Para darle un sentido a este deseo
que es ternura y tortura, así no más,
al temblor de tu beso me recreo
con el ansia de haberlo, aunque fugaz.

Satisfechos repletos de caricias
con las almas henchidas de placer,
si otro roce se diera, mas delicias
aparecen, sin duda por doquier.

72 Que pasó
agosto 8 de 2017

Qué pasó con tus nubes borrascosas
cuyas sombras emergen de la nada,
dónde se halla tu luz que está apagada,
dónde está aquel rosal lleno de rosas.

ya no alumbran como antes las gloriosas
y adorables luciérnagas, bandada
de palomas torcaces donde el hada
deposita sus cuitas prodigiosas.

Lanzar quiero al espacio transparente
el puñado de nubes turbulentas
y esperar que lo inhales de repente,

y en un acto, tal vez donde solventas
el puñado de cuitas vehemente,
en un trozo de nube te sustentas.

73 Soy tu reto
agosto 9 de 2017

Maloliente es la llaga que dejaste
en mi pecho jadeante, descarnada,
putrefacta se encuentra, te vengaste,
tu mirada es quemante y despiadada.

Te has vengado esta vez, no digo nada
en tus sueños profanos soy olvido,
ignorado, además, cual camarada
que en la guerra ha dejado lo vivido.

Soy tu reto por hoy soy desvalido
me requieres, postrado, insatisfecho,
en un gesto de amor y conmovido
al sepulcro desciendo satisfecho.

Que mi cuerpo repose allí es un hecho
pues tenerlo en resguardo es el anhelo,
yo te invito a que duermas en mi lecho
y conozcas así quien alza el vuelo.

74 Entre rayos y truenos
agosto 10 de 2017

Con dolor en el alma y en el cuerpo
voy pagando la cuota más amarga
inyectándome estoy el anticuerpo
que me da el aliciente y me aletarga.

Pero siento pesada esta mi carga
por su peso arduamente desconcierta
siento cómo de veras se descarga
de energías ocultas la tormenta.

Entre rayos y truenos se sustenta,
se avecinan celestes tempestades,
la tormenta en el cielo representa
todo el caos que al hombre son deidades.

Imploramos al Hado sus verdades
y en feliz intención nos encorvamos
a la carga por Dios las realidades
no demoran en ver cómo es que estamos.

De un manojo de versos hay cien ramos
de un puñado de rosas soy poseso,
un deshecho busquemos y nos vamos
por la ruta infinita sin regreso.

75 Ángel del mal
agosto 10 de 2017

Lenitivo no hallé que tenga aroma
o mitigo que alivie mi quebranto,
aquel ángel del mal me tiene abanto
ya la muerte me anuncia tras un coma.

Aquel rostro demente ya se asoma
por los mustios dinteles con espanto,
acosado me siento, por lo tanto
no la acepto siquiera ni por broma.

Nada temo, en mi sombra me resguardo,
ya ni en pleno velorio me retracto
sorprendiendo la muerte sin retardo,

y después de sufrir aquel impacto
en la brasa quemante en que me ardo
pongo a arder mis angustias e ipso facto.

76 El batracio y la crisálida
agosto 12 de 2017

Esperé en la hojarasca que a su arrullo
descendiera galante mariposa
y en efecto, arrogante y silenciosa
descendió lentamente del capullo.

Me encontré de momento al lado suyo,
una linda crisálida se erguía
ensayando su vuelo se movía,
indagando la luz como el cocuyo.

Un batracio al acecho, de remate,
ve el ingenuo botín que cae del cielo
e intentando volar las alas bate.

¡Uno lanza la lengua con anhelo!
en el acto reflejo no hay combate
justo a tiempo el insecto se alza al vuelo.

77 Después de estar ausente
agosto 13 de 2017

Dónde te hallas, que no te ven mis ojos,
en momento cualquier desapareces,
qué borrascas de nubes tus despojos
entre vientos voraces y de hinojos
mi pequeña ilusión te desvaneces.

En qué nimbo se dieron los reveses
porque nunca en tu vida vi la gloria,
en qué punto ¡Por Dios! y cuantas veces
te cubrieron, sin más las lobregueces
el manojo de cantos de tu Historia.

A cantar te enseñé con gran euforia
y de paso logré lo que quería,
el velar por sí mismo vanagloria
eso claro lo tengo en mi memoria
pero tú te me ausentas vida mía.

Aquí espero, con ansias que algún día
tu regreso sea un hecho fehaciente,
un relámpago henchido de alegría
dibujado en mi rostro se veía
al tenerte después de estar ausente.

78 Milagro o maldición
agosto 14 de 2017

Un cántaro repleto de agua pura
extraje de la alberca muy sediento,
sediento como estaba, sin censura
bebí a la saciedad y sin mesura
guardé para tomar en mi aposento.

Al hombro eché mi cántaro contento,
al paso me salió un a sombra larga,
si vienes por el agua lo lamento
la fuente se halla cerca, has el intento
y sacia allí la sed que ahora te embarga

El agua que en el ánfora es la carga
requintas hasta el tope el contenido,
la sed que estoy sufriendo te aletarga
calmar verás mi sed, mi sed amarga
con ese cargamento que has sorbido.

Llegué hasta el rancho ansioso, bien rendido
guardé mi cantimplora en la despensa
en un acto de fe muy convencido
de haber obrado bien lo acaecido
sentí la plenitud de paz intensa.

A Dios gracias le doy en forma inmensa
por esta decisión que he sorteado,
pescar es aprender, allí hay defensa
pues darlo es mantener la fe indefensa
enséñame a pescar es el llamado.

Un día de verano en el poblado
-enséñame a pescar- esa es la idea,
sequía tras sequía es el legado
aquel pueblucho estaba desolado
allí mi cantimplora es la presea

Reseca mi garganta no desea
beber si no del agua pura y fresca,
milagro o maldición allá en la aldea
de vino añejo estaba, replantea
aprende a compartir con quien se ofrezca.

79 Rebosantes de alegría
agosto 14 de 2017

Vibrando toda el alma enloquecía
el propio corazón de goces lleno,
responde con afán melancolía,
aguanta mientras puedas, eso es bueno.

Anuncian las campanas algo ajeno
al mundo cotidiano en esa aldea
de cuando en vez un rayo, un simple trueno
apaga la dolencia o la moldea.

En coro todo aquí bien se recrea
cantando melodías amorosas
un ángel, desde el cielo galantea,
bendice aquellas notas armoniosas.

Y entonan melodías fantasiosas,
llenando van la aldea durante el día,
del alto campanario mariposas
descienden rebosantes de alegría.

80 Tu indiferencia
agosto 15 de 2017

Mala espina me da tu indiferencia,
sueños mil se han quedado en el olvido,
yo sé bien que eres fruto prohibido,
de otra aurora eres luz, de otra existencia.

Otro cielo iluminas con sapiencia,
eres ave canora de otro nido;
otras nubes le dan su colorido
de otro sol con mayor luminiscencia.

Cual estrella fugaz levantas vuelo
por el orbe infinito de otros mundos
donde se hace perenne tu desvelo.

ahí empiezan y acaban moribundos
los felices recuerdos que revelo
en un puño de versos iracundos.

81 En un silencio
agosto 16 de 2017

Al mal tiempo buena cara el dicho reza
y se aplica cuando estamos en dilema
me resume tiempo y cara sin problema
bueno o malo, nos explica la destreza.

Hay que estarse como siempre a la cabeza
y encararse, así, con un corto fonema
un refrán comprime siempre todo un tema
el silencio es elocuente y así empieza.

Una imagen más que mil palabras cuesta
no requiere del idioma, referencio,
silenciosa allí se encuentra, luce enhiesta.

El proverbio o el refrán bien lo conciencio,
de un apuro aquel te saca, una respuesta
ahí la tienes desglosada en un silencio.

82 Pintado de rojo
agosto 19 de 2017

Al fin enhorabuena reapareces
como ángel de la guarda que se pierde,
su puesto lo abandona muchas veces
y a ti ni la conciencia te remuerde.

Color de la esperanza que es el verde
pintado está de rojo, qué infortunio
ya no hay ninguna forma en que concuerde
al fin la luna llena y plenilunio.

Difícil atrapar un novilunio
en brazos de un recuerdo que se olvida
me dejas bien parado en interlunio
soñando con la muerte o con la vida.

En fases de una luna deprimida
el hito del tormento inadvertido
convierte de una pena concebida
el único momento distinguido.

Y al fin su gran recuerdo es bien manido,
el mismo que se torna en un reproche,
entonces será el último latido
perdido en el silencio de la noche.

83 Alejados de sí mismos
agosto 23 de 2017

Por el brillo de opaco y mortecino
de tu lánguida, escuálida mirada
puedo ver que amenaza un remolino
con la furia tenaz de un torbellino
donde tienes el alma bien diezmada.

Se vislumbra en la última morada
cuando mueras, lo que hoy se te depara,
te restaña la herida allí causada
por aquella congoja idolatrada
donde siempre el amor nos desampara.

Aparece después, cual cosa rara,
una queja de amor en llanto ingente,
una lágrima rueda por la cara,
un gemido tal vez si se escapara
de perderse se habría en el ambiente.

Un suspiro muy fuerte y de repente
nos sacó de tan hondos paroxismos,
pude ver que tan ciegos de la mente
sitibundos morimos en la fuente
alejados del otro y de sí mismos.

84 Cocuyo extraviado
agosto 24 de 2017

Zumba, zumba en la noche el Anopheles,
con su son al oído entrar intenta,
el pitido tenaz nos atormenta
y se cuela por entre los doseles.

El zumbido con altos decibeles
tan agudo se clava que atormenta,
de momento un silencio se presenta
y después la rasquiña no repeles.

El bombillo prendí y a la captura
del maldito zancudo me le puse,
lo aplasté en la pared y por ventura.

Apagué y dormir yo me propuse,
con linterna me busca una criatura
¡Soy cocuyo extraviado, amigo!, excuse.

85 El sabor de la amargura
agosto 25 de 2017

Con el dulce sabor de la amargura
hoy me he puesto a sorber mi propio llanto,
el ingente dolor que me tortura
va labrando mi propia sepultura
mientras miro el futuro con espanto.

Ya me he puesto a entonar tu propio canto
pues restaña mis penas con asombro,
disminuye la angustia y el quebranto
si te salta una lágrima, por tanto,
en tus brazos, de amor, amor te nombro.

Siento el llanto en mis ojos, te renombro,
gemir tanto una lágrima al fin quema,
como Cristo su tumba lleva al hombro
desechar no la puede como escombro
pero sí conservarla como emblema.

En la barca del alma rema y rema
transportando sus sueños con esmero
un naufragio es fatal, como anatema
Dios nos libre quizá de este dilema
pues remero no soy, pero te quiero.

86 Mundos paralelos
agosto 26 de 2017

Proyección del espejo da la idea
del concepto de un mundo compañero,
uno encaja en el otro, redondea
una sola unidad se anula a cero.

Separando los dos se cargan pero
en el uno su carga es positiva
y se llama materia, considero
la otra, antimateria negativa.

Ahí estriba el asunto en perspectiva,
ya tenemos dos mundos paralelos
con dos polos opuesto donde esquiva
una fuerza a la otra en los gemelos.

Siendo así se generan dos modelos
a la vez yuxtapuestos y gregarios,
que en el cosmos son antiparalelos
son, por eso, los dos complementarios.

Aparece la Ley de los contrarios,
uno es sí, el otro es no, hay sube y baja,
adelante y atrás, hay uno o varios,
si hay principio habrá fin, ahí todo encaja.

Lo que es bueno, en lo malo desencaja
con el uno lo blanco, luz y cielo
lo bonito, lo dulce, la ventaja
la bondad, la elegancia y Dios y el celo

con el otro mirado desde el suelo
la negrura, la sombra, el mismo averno,
la feúra, lo amargo, impedir vuelo,
la maldad, la arrogancia, diablo, infierno.

Si tomamos el toro por el cuerno
y encajamos los mundos se hace nulo,
se equilibran las fuerzas y el eterno
trajinar de Universo así lo anulo.

Y la sombra con luz la disimulo,
el infierno con cielo es lo que espero
de este mundo se borren, pues calculo
sumo el diablo con Dios y me da cero.

87 En lontananza
agosto 27 de 2017

Cuando el alba se cierne bien tranquila
en el verde paisaje montañero
una luz que resalta allí titila,
esa lumbre en el llano percibida
nos señala una aurora convertida
en un pozo de luz en el sendero.

Pero el día se escurre entre los dedos
y la tarde aparece en su momento
con espesos nubascos, son los miedos
que amedrentan el alma y hasta el cuerpo,
pero traen su dosis de anticuerpo.
que equilibra su propio sentimiento.

A una hermosa sorpresa nos apresta
el rey astro del limbo donde yace,
una tarde soleada en la floresta,
un ocaso radiante, de costumbre
con el tinte rojizo de su lumbre
y un color rosicler que se deshace.

Y las sombras se ciernen en la hoguera
de aquel cielo que arde sin tardanza,
con tizones de sol hace una esfera
que recuerda un paisaje diferente
y en un nimbo que cruza indiferente
agoniza la tarde en lontananza.

88 Con las alas cansadas
septiembre 2 de 2017

Hacia el cielo, glorioso, empero suelo
con las alas del alma navegar,
por osar invadir tu propio cielo
paso noches enteras de desvelo,
ya no puedo mi sueño conciliar.

Cómo hacer, reposar allá en tu lecho
con los ojos marchitos de llorar,
a tu fuero celeste voy derecho
pero caigo rendido y bien deshecho,
imposible tu sueño desvelar.

Invadir tus entornos sólo quiero
limitar tu presencia en mi soñar
pero vuelas tan alto que yo espero
entre abismos profundos donde muero
tus migajas que sueltas aparar.

Vuelvo e intento, pero es acto fallido
ya no puedo tu altura superar,
con las alas dobladas vuelvo al nido
que por ir a buscarte ya he perdido
con las alas cansadas de volar

89 Sin tus alas
septiembre 2 de 2017

Sin tus alas volar es una hazaña
sin tus armas inerme yo me siento,
así espero el fatídico momento
cuando en este dolor tu amor se ensaña.

Pero un ángel, mujer viene y restaña
esta herida de amor que es un lamento,
se me llena el alma de contento,
siento mil mariposas en mi entraña.

Si volar yo pudiera por mi cuenta
y tus armas no fueran mi defensa
no me importa la angustia que yo sienta,

no estaría esperando alguna ofensa
mientras tenga el puntal que me sustenta
para hacerte la vida más intensa.

90 El rigor de los amores
septiembre 3 de 2017

Soportando el rigor de los amores
que atrevidos sopesan la existencia
van pasando en silencio y con sapiencia
por los hondos confines sin temores.

Y producen sus propios resquemores
si se dejan a solas y a conciencia
pero prima no más la diferencia
cuando se halla en amores desamores.

Valga un tanto la ausencia de la pena
cuando apenas asoma por un poro
esa horrible impiedad que me enajena,

otro tanto que valga lo que imploro
cuando pasa solemne por mi vena
y me incita a gemir mi propio lloro.

91 Tentación de amor
septiembre 12 de 2017

Si acarician tus manos este templo
si deslizas tus dedos por mi sien
pobre templo rendido a tus primicias,
se desdobla fundido a tus caricias
absorbido en un mundo de placer.

Una leve caricia es mi desvelo
pues me otorga momentos de pasión,
con la dulce esperanza de un te quiero
voy al punto nodal donde yo espero
encontrar la respuesta a mi dolor.

Ya vendrá, por ventura alguna gracia
que en el alma se vuelva singular,
si resbalan mis dedos por tu cuerpo
se despiertan al roce en un momento
las delicias profusas del amor.

92 Recuerdo lastimero
septiembre 12 de 2017

Cuando el alma conserva con martirio
un recuerdo tristón y lastimero
una lágrima salta con delirio
esa gota de llanto allí vertida
es señal de que un alma conmovida
da su muestra de amor puro y sincero.

El recuerdo se escapa entre las manos
y el olvido se oculta en el pasado,
donde yacen vigentes los arcanos
son cual genes ocultos en el soma,
cuando menos se piensa allí se asoma
con su cara tal cual el gen guardado.

Es así como el ángel que te cuida
resplandece en el sueño en el que yace
se despierta la pena ya dormida;
en un acto de suma incertidumbre
se reviven las cuitas con la lumbre
de la estrella fugaz que se deshace.

Y las sombras reviven en tu entraña,
el dolor inefable que lo abraza,
con tizones ardientes se restaña,
se recuerda el olvido de repente,
en un limbo absoluto está la mente
moribunda esta vez entre su masa.

Muerta o viva está el alma, ya no hay duda,
va en aprietos en aras de la suerte
donde oculta en un cuerpo, está desnuda,
vuele libre en el ancho firmamento
donde no haya siquiera ni un lamento
que del sueño perenne la despierte.

93 Momentos de entrega
septiembre 12 de 2017

Aquellos momentos de entrega solemne
anuncian sublimes endechas de amor,
pasó la tormenta quedó el alma indemne
radiante y serena cual vívida flor.

Tañidos emiten alegres campanas
que doblan fervientes su dulce tonal,
resuellos la torre golpean con ganas,
los vientos asedian el tiempo invernal.

Destellos de lumbre se lanzan al vuelo
el orbe lo cruzan con gran rapidez,
senderos perdidos del cóncavo cielo
espinos floridos los cubren después.

Percibo el lamento de amor pasajero
que siempre en las noches nos pone a soñar,
azotan los vientos, se arruina el sendero,
desgránase el alma del viento al pasar.

Disímil argucia revela en el mundo
nubasca impoluta, legente deidad,
recubres el cielo silente, profundo,
desvela el misterio insoluta verdad.

Ocaso de lumbre que anuncia el poniente,
remanso impecable, te anuncian virtud,
silueta enmarcada con luces de Oriente,
discreta bandera, ondeante actitud.

94 La congoja
septiembre 14 de 2017

Me cansó tu lisonja amiga mía
tu furor de ovación ya no lo quiero,
todo aquí en este mundo es pasajero
y mañana será otro nuevo día.

Todo causa en la vida la agonía,
el encanto, la dicha, el ser sincero,
hasta el verse constante, lisonjero,
amoroso y henchido de alegría.

Es por eso que existe la congoja,
el dolor y la angustia, el cruel delirio
el sudor cuando el rostro se sonroja.

Necesario será sufrir martirio,
sepultar en el mar la luna roja
y ponerle una flor, la cruz y un cirio.

95 Perdón
septiembre 14 de 2017

Si te hieren el alma con enojo,
si te clavan la daga del desprecio,
acaricia su sangre con aprecio,
asegúrate el triunfo con arrojo.

No conviertas al otro en un despojo
aunque sea el rival de tu deprecio,
dale un ramo de flores, es el precio…
el que suele triunfar paga a su antojo.

Dale un poco de ti, de tu ternura,
hazle ver lo importante que es la vida
con lo bello que el cielo nos augura,

al dejarle su alma conmovida
una leve sonrisa te asegura
plena vida en ensueños convertida.

96 Responder por la falta
septiembre 16 de 2017

Yo no pido perdón por mis acciones
es pedir despertar piedad augusta,
responder por la falta, eso no asusta
responder por la misma es de varones.

No hay que estar sometido a religiones
para ver una pena o cosa injusta,
el volverse y juzgar la causa justa
suficiente será para perdones.

Ya tendrá el corazón su buen castigo
por la justa injusticia cometida
sin el cual no tendrá jamás mitigo.

Así el alma se queda conmovida
sin pecado, sin falta ni enemigo
sin pedir un perdón y arrepentida.

97 En el fondo de esta hoguera
Septiembre 20 de 2017

Nadie sabe lo extraño que parece
lo que ocurre en el fondo de esta hoguera,
no es ni fobia, ni angustia lastimera,
es más bien un tenaz y fiero duelo
que sumado al dolor y al desconsuelo
hace nido en el alma y la adormece.

En un hondo suspiro clamoroso
se impregnó de dolencia en su medida,
quiso hacer de una pena inadvertida,
en momento sublime y pasajero
el celeste brillar de gran lucero
que aparece y se pierde silencioso.

Con el alma en veremos se nos reta
exponiéndose, así, a la gran derrota,
donde aquel que sucumba, su alma rota
vagará en la tiniebla que la absorbe
mientras sombras oscuras en otro orbe
difuminan el rastro que la objeta.

98 Por la senda a solas
septiembre 22 de 2017

Por la senda a solas, por el mundo vago
con mi tumba a cuestas como el caracol
el invierno a oscuras me la paso a diario
cultivando sueños cultivando amor.

Primaveras todas las bendigo en vano
son iguales todas, todo el mundo va
nadie a mí se acerca, ni me dejan claro
lo que el mundo quiere lo que el mundo da.

Me llega hirviendo tu fatal verano
con quemantes sueños, con la cruel verdad,
cuán intensas salen desde tu aposento
las voraces llamas, la tenaz deidad.

Se acerca otoño que esperé con ansia,
ya no estuve vivo para bien contar
la doliente vida que la muerte anhela
en el tiempo justo de la libertad.

99 Vengo
septiembre 22 de 2017

Vengo a darte las gracias por la pena
que causaste doliente en mis haberes,
vuelvo aquí a devolverte mis deberes
a entregarte lo tuyo que me apena.

Y los traigo al final de la faena
pues no quiero pensar en los placeres
que nos causan dolientes las mujeres
y que asumen cual reto enhorabuena.

Vengo en medio de tantos sinsabores
con el alma en pedazos convertida
y repleta de sueños sin rencores

a entregártelas voy a tu partida,
las angustias que causan los dolores
y una ruina en gran vida convertida.

SEGUNDA PARTE

FILIGRANAS

100 Púrgalo
junio 8 de 2017

Príncipe pónese estítico
púrgalo plántula oásica,
póngale música clásica,
típico cántico mítico;
óigole Fígaro, crítico
tócalo músico escuálido…
vuélvese lánguido, pálido:
cólico tórnalo místico,
huélese bárbaro, cístico
líquido púsolo flácido.

101 Didáctico esdrújulo
junio 9 de 2017

Con la trompa voraz de aquel ortóptero
que las plantas devora, son fitófagos,
si vampiros miramos hematófagos,
mariposas lo son, los lepidópteros.

Los murciélagos son bellos quirópteros
los que comen el polen son glossófagos
los que comen carroña los sarcófagos
los que son cucarrones coleópteros.

Grupos hay de animales, taxonómico
tan variables como son esos omnívoros
con cualquier alimento es económico.

los hay pues, comen hierbas los herbívoros,
los de carne comer, parece cómico,
se les suele llamar seres carnívoros.

102 Luna llena
junio 10 de 2017

Hay una luna llena
se ve radiante y pura
del cielo allá en su altura
brillando en esa escena

Si al cuadro enhorabuena
y sopla con mesura
la luna así fulgura
se yergue altiva, plena

El cielo raso sube
y un lampo de la nube
le sirve de antifaz

adquiere aquel paisaje
un cambio en el celaje
cambiándole su faz.

cruzando el ancho cielo
alegre y altanera,
la gracia está en su esfera
discreta en pleno vuelo.

de nube hay un señuelo
cubriéndola por fuera
con gasas, hechicera
al mundo en pleno vuelo.

da gracia si un chamizo
su cara allí deshizo
poniendo otro color,

un cambio en su belleza
expresa su grandeza
se ve mucho mejor.

103 Fino porte *
julio 3 de 2017

fino porte de luenga cabellera
pelo rubio ondulado majestuoso
cielo azul tu mirar, limpio y hermoso
vino rojo es el labio desespera.

purpurino milagro aún te espera
helo, está servido el vino airoso
vuelo emprende alma nuestra, fantasioso
destino, luz irradia te otra esfera.

Bella luna quizás nos acompaña
llena, llena apareces me desvelo
huella deja que soy yo suave maña

esa copa de vino, amar te incita
plena luna, iluminas tu azul cielo
besa me ya el vino más me excita.

*
Poema multidireccional: puede leerse de abajo hacia arriba, de derecha a izquierda (excítame más vino él ya me besa/cielo azul tu iluminas luna plena…

104 El zumo de la caña
agosto 11 de 2017

Al corazón de la caña   palpitante
lo muele un trapiche viejo   en la molienda
pensando que es cosa extraña   interesante
se queda uno bien perplejo   allá en la tienda

Solo exprimiendo lo dejo   que se encienda
el horno, en una cubeta   bien se cuece
en una paila es conejo   dulce ofrenda
de la caña gorobeta   al humo ofrece.

El dulce sabor se reta   bien parece
como un manjar exquisito   de miel pura
en el menú de un poeta   que envejece
o de la abuela que hoy cito   con dulzura.

Debe hervirse despacito   donosura
se requiere en el momento   en la batea
se vierte el dulce exquisito   sin mixtura
revuélvase a paso lento   que él blanquea.

A hallarle el punto el talento   fantasea
ha convertido en panela   aquel guarapo
del zumo, dulce alimento   la presea
el rico sabor se cuela   así lo atrapo.

105 Volemos juntos (doble rima)
agosto 21 de 2017

Compártote mis alas volemos por el *mundo*
del cielo azul *profundo* tener la sensación
de hollar sobre la bruma del aire en que me *hundo*
de su agua *sitibundo* se encuentra el corazón.

En una pincelada del rojo del *ocaso*
que diera con un *trazo* pincel de soñador
que pinta con destreza el cielo más *escaso*
de nubes que un *acaso* le inspira a su pintor.

Con esas mismas alas volamos un *regreso*
que ansiosos en un *beso* sellamos con ardor
volemos cielos muchos, aún densos, cielo *espeso*,
sumida en mi *embeleso* nos damos al amor.

Ven préstame tus alas, son cuatro con las *mías*
y justos estos *días* de un sueño angelical,
colgados de una estrella las propias *alegrías*
allí *derramarías* en gotas de cristal.

106 Dónde estás celeste
agosto 26 de 2017

En cuál de los tantos mundos   escondida
te encuentras tú ángel mío,   enhorabuena
tal vez en los más profundos   conmovida
pensando en los sitibundos   de esta vida
que mueren al pie del río   Magdalena.

Sufriendo cruel desvarío   por su pena
al pie de la fresca fuente   de agua pura,
las damas del caserío   en su faena
se encargan del regadío   en forma plena
nutriendo así la simiente   que perdura.

Se mira ya desde el puente,   su figura
luciérnaga tipo agreste,   campirana
las luces que de repente   y con holgura
se prenden cuando al poniente   sombra oscura
el sol oculta al Oeste,   tarde ufana.

Saber dónde estás celeste,   en la mañana
del hondo confín lejano   que entristece
es triste que desde el Este   en buena gana
el agua aquí se nos preste   en forma insana
y así enterrar un hermano   que fenece.

107 A la zaga de un verso
agosto 31 de 2017

Ansioso yo voy a la zaga
de un verso perdido entre espinos,
en tanto mi mente divaga,
armando una estrofa que halaga
poner a rimar dos caminos,
se vuelven los dioses divinos,
se endiosan, esa es la constante,
la musa se ve delirante
los versos se ven cristalinos.

Son nueve por nueve destinos
que riman de modos diversos
los términos de uso son finos
alegres, quemantes, felinos
coquetos, en penas inmersos;
si esculcan en otros mis versos
no encuentran respuestas iguales
que expliquen por qué los rosales
te tunan silentes y adversos.

108 Los cuatro misterios
agosto 31 de 2017

De novios se entregan *gozosos*
cuando hay, entre dos, empatía,
de novios son unos; de esposos
comienzan, allí, los *gloriosos*
y todo es amor y armonía;
delirio, placer, ambrosía
y son *luminosos,* primicias
que unidas a dulces caricias
afianzan la paz, la alegría.

En todo ese amor que allí había
de rosas brotaron espinas,
tornose en doliente agonía,
del canto ya no hay melodía,
quedaron dos almas en ruinas
sufriendo profundas rutinas,
así en *dolorosos* misterios
cantando al amor improperios
se vuelven canciones mezquinas.

109 Dolencias
septiembre 3 de 2017

Sufriendo de amor los rigores
el cuerpo no encuentra un postigo,
intensos le son los dolores
unidos a sendos clamores
sufriendo perenne castigo,
y yace en el lecho el amigo,
soporta la horrible penuria
que lejos de verla con furia
le ofrece el perdón enemigo.

En pos de su angustia yo sigo
tratando menguar con paciencia
hurgando su soma, persigo
hallar tan siquiera un mitigo
en medio de tanta dolencia
imploro ante el hado clemencia
me dé suficiente entereza
de dar el alivio que empieza
saneando su propia conciencia.

110 De alguna manera (doble rima)
septiembre 10 de 2017

Cómo al vuelo me lanzo hacia un cielo *glorioso*
inexperto y *ansioso*, con, del alma, las *alas*,
navegar sin *escalas* aquel mar *silencioso*
cruzo el orbe *fogoso* de luceros que *exhalas*.

Y aunque esté receloso, paso noches *enteras*
soportando *quimeras*, con la muerte al *acecho*
aquí dentro del *pecho* llevo de otras *esferas*
de diversas *maneras* un profundo *despecho*.

Imposible en tu sueño recibir tu *clemencia*,
limitar tu *presencia* entre abismos *inmundos*,
son el sol de otros *mundos,* son la propia *conciencia*
que con suma *insistencia* son arcanos *profundos*.

Con el eco de un trueno por el orbe *lejano*
un rechazo de *plano* encontré por *doquiera*
pues de alguna *manera* al saberse un *humano*
encomiendo mi *mano* ante Dios cuando *muera*.

111 Aquellos momentos
(9 x 9 multidireccional)
septiembre 12 de 2017

aquellos momentos entrega
campana colgante tañidos
resuellos sedientos trasiega
destellos en luz que navega
ufana senderos perdidos,
mañana suspiros floridos
concluyo continuo lamento,
intuyo ese amor que presiento
desgrana hoy alma del viento.

diciente minucia revelo
pedazo nubasca impoluta
prudente recubres el cielo
silente profundo desvelo
ocaso de lumbre insoluta,
acaso es si hoy lo refuta
silueta enmarcando poniente
discreta bandera luciente
abrazo el fraterno disfruta.

112 Poemas sucumben
septiembre 23 de 2017

Poemas sucumben   en el tiempo flotan
los versos de ayer   los poemas de hoy
los unos se mecen   en el viento asoman
los otros se esfuman   con el sol perecen

se queja el poeta   la musa reclama
el verso no es libre   el verso es prisión
el verbo no es cárcel   el verbo libera
el verbo es el mármol   el hombre cincel.

Los tiempos son otros   derroche de ideas
es lluvia de versos   invierno tal vez
no hay versos añaden   la frase resalta
el verso trasciende   la frase es mejor
.
Pero ambos reclaman   ninguno aquí cede
porque es la palabra   la reina verbal
hagamos poemas   tan libres, tan clásicos
que impregnen el alma   del dulce expresar.

113 Dios lo quiera (multidireccional)
septiembre 23 de 2017

quiera lo Dios este canto
vuele se pleno armonioso
muera se pronto el quebranto
era ese ayer un encanto
suele se ser armonioso

quimera y amor, dulzura
busco, ansioso, recuerdo
lacera augusta figura
ligera, frágil ternura
luzco penas las acuerdo

penas grandes dolencias
dolencia grande angustia
apenas vienen ausencias
arenas secas demencias
demencia la mente mustia

114 Acróstico doble
septiembre 23 de 2017

Les traigo un nuevo trabajO
Increíble y sin iguaL,
Bastante y muy generaL
Arte puro que me avienE,
Reto grande veo aquÍ:
Derrotas hay al rimaR
Ojalá no suene cojA.

Anomalías ya veO:
Rimas cojas sin piedaD,
Intentar versificaR
En esta forma confusA
Lidiar es, cual santo JoB,
La paciencia, entendÍ,
Otro santo no es rivaL.

NOTA

Este acróstico, y el siguiente, son dobles, a la izquierda y a la derecha se ve claramente los nombres, en las letras iniciales y finales de cada verso; encuentre los nombres. Léase también de abajo hacia arriba.

115 Acróstico (dobletiao reversible)
octubre 8 de 2017

Al reto le doy sin piedaD
Convengo ponerlo en jolgoriO
Retozan palabras, nabaB;
Otrora yo tuve un rivaL
Sencillo y en letras valientE
Titánico y bueno en su argoT
Incita a escribir ¡Oh AdonaI!
Canciones compuestas con místicaA
O un clásico y lindo sonetO

Ocioso escribiendo el preclaroO
Afina su pluma, un coñaC
Inspira su musa y de ahÍ
Todito es sencillo, un roboT
Es toda su mente, sus manoS
Ligeras, veloces, no en vanO
Bebiendo de aquélla el amoR
Ostente mi traje de fraC
Diciendo al final mi locurA.

TERCERA PARTE

POEMAS MÍSTICOS

116 El cadejo de cabello
julio 2 de 2017

En la cuesta empinada del Calvario
de cabello encantráronse un cadejo,
arrancado con todo y su pellejo
no era parte de algún itinerario.

Si fue asunto quizás, por el contrario
arrancado, esta vez, a un hombre viejo
que hacía parte del Cristo en su cortejo
o a las barbas de un paria solitario.

Al bajar a Jesús de su madero
en aquellos momentos de tristeza
se abre paso un humilde caballero,

examinan del Cristo la cabeza
por la ausencia de piel se advierte empero
del mentón era parte aquella pieza.

117 Tengo sed
agosto 18 de 2017

Tengo sed exclamaba el milagrero
aferrado a la angustia que sufría,
tengo sed: aquel ser se repetía
cuando estaba colgado del madero.

Soportando con calma aquel brasero
esperando el final si moriría,
en sus ojos marchitos se veía
de la muerte la sed, no hay desespero.

Una esponja, que en hiel fuera impregnada
con un tris de vinagre, de un fermento
en la punta a una lanza fue engarzada,

con la esponja en el labio, cruel lamento
exclamó el moribundo en su jornada
soportando otra dosis de tormento.

118 Lágrimas de fuego
agosto 20 de 2017

Yace el Cristo Jesús agonizante
empotrado a una cruz en el Calvario,
se levanta sediento y solitario
alejado de un mundo escalofriante.

Una luz se acomoda deslumbrante,
ilumina detrás lo necesario,
la silueta de un vasto relicario
aparece al contraste descollante.

Una voz se escuchó desde lo alto:
¡Padre mío! ¡Mi espíritu te entrego!
… ya de fuerzas está su cuerpo falto,

descolgó su cabeza tras el ruego,
un sollozo se oyó desde el asfalto
de una madre, en lágrimas de fuego.

119 ¿Quién es Dios?
agosto 20 de 2017

¿Quién es Dios? preguntábanle a un ateo
quien gozaba de gran sabiduría,
la experiencia me dice, no lo veo
es por eso, en que en ello yo no creo
Dios no existe, a Dios gracias ¡Qué ironía!

Fui a la iglesia, ante el cura, y no sabía,
es quien hizo su cielo, el Universo
¿Hizo el cielo? Increpé con alegría,
y el curita me dijo, él es quien guía…
si es la guía ¿por qué es el mundo adverso?

Lo que ocurra será de Dios su esfuerzo,
él creó lo que existe, es hombre bueno,
si es un hombre requiere un buen refuerzo
porque yo lo enderezo o bien lo tuerzo
según es relación: "del rayo el trueno".

No encontré la respuesta, todo ajeno
se me hacía en la mente, una congoja
la energía me diezma, cual veneno
se me cuela en alma como el cieno…
Dios es una ilusión que el alma arroja.

120 Se parece a Jesús
agosto 21 de 2017

Una turba de buitres del Estado
se presenta -en revuelta- en el sendero
por donde han de pasar, el caballero
en su fino corcel y el sentenciado.

Que abran paso señores ha anunciado
el galante señor a su escudero
mientras halan de un lazo el gran madero
que cargara a su espalda el condenado.

Un halón, es el polvo quien recibe
ese cuerpo que a rastras lo contemplo
y entre risas y burlas se le exhibe.

Se parece a Jesús, es otro ejemplo
que la Historia repite y no percibe
si es del mismo Jesús el propio templo.

121 El capataz
agosto 21 de 2017

Con la luz de una vieja caperuza
doce rostros, alumbra el mandamás,
doce sombras en ruedo los acusa
pues están reunidos sin excusa
y esa falta a la Ley es bien tenaz.

Este es Pedro, Simón, Santiago, Judas,
estos ocho son todos los demás,
dónde está tu patrón, por qué lo escudas,
escondido lo han, aquí no hay dudas,
necesito encontrarlo y nada más.

El maestro se hallaba de rodillas
entregado a la pena más veraz,
descendió entre las sombras a hurtadillas
con dos gotas de llanto en las mejillas,
va dispuesto a enfrentar a Satanás.

Si buscáis el ganado pernicioso
que azotando la vega va voraz
no hay que hallarlo en el suelo pedregoso
no lo busques en mundo fantasioso,
ve a buscarlo a tu casa Capataz.

122 La coronación
agosto 23 de 2017

Viva el rey, viva el rey de los judíos
le gritaban, de buitres una turba
al recién condenado que armó líos
a las huestes de Herodes, las conturba.

Con su paz interior bien los disturba
y después con Pilatos acrecienta
el desorden a todos los perturba,
azotado, en silencio se presenta.

Un pedazo de caña lo sustenta,
lo mantiene de pie y sin sosiego
una trenza de espinas se le inventa
y corona se la arma sin reniego.

Un soldado hacia el rey le siente apego
que le diera aquel toque de romano
la corona le puso, el cetro luego
Viva el rey Ahí lo tienen soberano.

123 Al Calvario
agosto 26 de 2017

Al Calvario, en la vía dolorosa,
un muriente cargando va su cruz,
una gota en la vía pedregosa
es la huella fehaciente y silenciosa
de que está condenado un tal Jesús.

Un fuetazo en la espalda, lacerante
deja el rastro siniestro sobre aquél,
unos cuantos torrentes al instante
de su sangre vertida, palpitante
a raudales resbalan por su piel.

Es el Cristo que a esfuerzo sobrehumano
va subiendo la cuesta hacia el final,
el sendero de piedras y pantano
ya se ha vuelto inandable al soberano
coronado, exhibido en su sitial.

De cabestro lo lleva un delincuente,
un soldado con ínfulas de honor;
es un paria, hambriento, maloliente
que presume de justo, de valiente
y no es más que un cobarde perdedor.

Y se queda mirando el gran soldado
al silente señor, al tal Jesús
y ve un ser en el orbe, coronado,
en un fondo aquel ser iluminado
que inundaba el espacio con su luz.

124 La cruz vacía
agosto 29 de 2017

Tres cruces hay en la cumbre bien enhiestas
de tres ladrones que han sido condenados,
ladrón, y vil asesino: ese es Gestas
ladrón que se llama Dimas lleva a cuestas
la angustia de haber vivido en sus pecados.

A aquella tercera cruz, vientos helados
golpéanla por detrás con gran pujanza,
los tres ladrones que están allí colgados
esperan estar muy pronto sepultados
pretenden pagar su deuda con presteza.

La cruz que en el medio luce su grandeza
indica está bien colgado el peregrino
robó la atención del mundo con certeza
por eso está allí, aquel ser con entereza
pagando las injusticias del destino.

Detrás de la cruz do cuelga el Buen Rabino
alcanza a verse detrás, está vacía,
aquella que se halla sola, se convino
que sea esa mi cruz, ese es mi sino
allí crucificarán mi cuerpo un día.

125 Elemento funerario
agosto 29 de 2017

Una cruz aparece allá al oscuro
en lo alto de un Gólgota apestoso,
ya la noche se cierne y en reposo
vuelve aquel escenario que conjuro.

Ver los buitres hambrientos, con apuro,
comer tibia la carne, es doloroso
en aquel episodio silencioso
por su olor nauseabundo, conjeturo

Se levanta un madero, erecto, altivo,
en la oscura quietud del escenario
donde fuera colgado el Cristo vivo,

y después de cumplir su itinerario
ese leño quedó a la muerte esquivo,
ya es reliquia, elemento funerario.

126 Con la venia
agosto 30 de 2017

Con la venia del sumo sacerdote
yo me quiero ante el Cristo confesar
un dolor en el alma es el azote
que aunque siga creciendo como brote
no me deja tranquilo dormitar.

Yo me acuso Señor de haberla amado
a hurtadillas, a solas y en verdad,
es manzana de otro árbol olvidado
que a la postre me tiene sin cuidado
lo que importa es el fruto, claridad.

Pero es otro, el que sufre por la pena,
el que llora la angustia, el desamor
por mi causa el doliente se enajena
en el odio embebido se envenena
es mi culpa, he pecado mi Señor.

Con la venia del cura me confieso
ante el Cristo bendito sin temor
el pecado es no amarla valga el rezo
y el pecado de amor que le profeso
yo lo llevo en el alma con fervor.

127 Transfiguración
septiembre 1 de 2017

En el mote Tabor hay un enigma
donde apóstoles tres son el testigo
de un evento que surge como estigma,
que a la vez ha cambiado el paradigma
del luciente Jesús, el buen amigo.

De su angustia tenaz no halló el mitigo,
Él se da en oración al Padre Eterno,
cual quebranta la mies el sol al trigo
así el alma Jesús da al desabrigo,
quita el velo que cubre su hondo invierno.

Ya se encuentra a las puertas del averno,
sin diatriba, reniego, o improperio
se le vio al buen Jesús vivir su infierno
pero pronto de un rayo sempiterno
su figura radió, todo un misterio.

Se les vio transformado, fue el criterio
de los tres que observaban esta escena
con Moisés, con Elías, el imperio
del poder celestial es un salterio
entonado por tres, enhorabuena.

128 El gran pecado
septiembre 16 de 2017

Bañado en sudor y con desgano
tirado su cuerpo en una acera
ninguno se fija en el anciano,
exhibe su angustia en el pantano
a un pueblo que pasa y no se entera.

Extiende su mano pordiosera
al mundo que pasa indiferente,
la llaga en el alma es más severa
aquella que al cuerpo degenera
ninguno la ve entre tanta gente.

Profundo dolor fiero y silente
agobia a aquel ángel desterrado,
la gran sociedad es inclemente
en acto despótico, inconsciente
coloca en su mano lo sobrado.

Ignoran que el acto es despiadado,
se da del haber lo que se dona,
la sobra es basura, no es bocado,
tal vez este sea el gran pecado
que Dios a los hombres no perdona.

129 La tienda del rabino
septiembre 22 de 2017

Un discípulo en tienda de rabino
pidió vino añejado, prueba, cata,
bebió solo por dos tantos de plata
lo que Baco purgó de mero vino.

Otro sorbo del néctar purpurino
en la mente se esparce y le arrebata,
una pena profunda le maltrata,
ha vendido a su amigo el muy mezquino.

Aprendí, desde niño, a hacer negocio
y gané suficiente para el ocio,
la avaricia llenó mi gran vacío…

con un beso aprendí, se vende el alma
y con uno bendito pagas calma,
con el beso maldito un mundo impío.

130 El retratista
septiembre 22 de 2017

Me pidieron pintara con paciencia
en un tono celeste y especial,
la conciencia, la misma omnipotencia
una muerte violenta, la clemencia,
el perdón y morir por la verdad.

Con la paz inspirada de algún modo
que tuviera la contra de satán
una angustia infinita, y a su modo
el perdón, la ternura, el mundo, todo
la bondad, la justicia y parta el pan.

En un lienzo empaqué todo lo justo,
con la gran transparencia de un cristal,
se clavaron mis ojos en un busto,
en un leño podrido, vil, vetusto
y pinté al buen Jesús tamaño real.

Cardos líricos

www.ingramcontent.com/pod-product-compliance
Lightning Source LLC
Chambersburg PA
CBHW031630160426
43196CB00006B/359